VE

üft.

ALFABET
NOUVEAU DE
LA VRE'E & PURE
ortografe Fransoize, &
Modéle sus iselui,
en forme de
Dixionére.

DEDIE'

Au Roi de Franse & de Navarre
HENRI IIII.

Par Robert Poisson équier (Auvile) de
Valonnes en Normandie.

A PARIS,
Çez Jaqes Planson, tenant sa boutique au mont
S. Ilére ioignant l'Eglize.

1 6 o 9.
Avec Privileze du Roi.

AU ROI.

IRE,

En se tems eureus de la pæs, suxedée à tousles
Fransois, qomme miraquleuzement, & du tout
qontre l'aparense, par les eroiqes vertus, du Mo-
narqe de l'univers, auqel n'æt ç oze difisile.

Voiant qe vôtre Majesté, se délegroit de jour
en jour, non seulement à deqorer, Paris, de nouveaus édifises: si éxélens, & aqomplis, qis sont qe
tous seus q'on tenoit, pour les merveilles de se
monde, ne sont qe petis qous délé, & q'euvres de
meins aprentises, entant qe qomparez à eus. Més
aussi a i varier, réformer, & renouveler, tout se qe
vôtre Majesté, voit n'ætre réduit au paifet.

Jusqes à i fere venir, & i ajouter en bourjois, les
plus éloignez etranjers, qi savent bons métiers, &
ars, qi ne sont enqor la qonneus : afin q'auqun
nait plus bézoin, de sortir de telle demeure, & de
qourir toute la terre, & la mer, pour i renqontrer

ꞇoze qi ne ſi treuve poinɁ & brief, afin qe tous la
voient, non ſeulement le peꞇit monde, & le ꞇeſ-
d'euvre de la Fráſe, més de ꞇouꞇ ſe globeus pour-
pris.

Voiant outre qelle aime fort, grâꞇifie, & ꞇerit,
ꞇous ſeus, qi lui ſervans fidélement, ſavent de leur
invenſion, qonſepſion, ou induſtrie, aporter qelqe nouveauté, uꞇile à la ꞇoze publiqe, tant petite
qélle puiſſe æꞇre: qõme ſe propozáꞇ ſe but, qe ꞇou-
tes ꞇozes ſoiëꞇ en Fráſe, réduites en perféxion, par
ſa providenſe, & qonduite, & q'on i puiſſe voir
fleurir, ſans feinte, & en réalité, un ſieqle plus eureus enqor, qe l'imajiné ſieqle d'or, tant ſélébré
par les poëtes. jé penſé de m'eꞇudier, à inventer
qelqe ſujeꞇ, qi parmi ſe nombre inombreus, q'in-
finis eſpris relevez, exqojitent à qi mieus mieus,
& propozent à vos regars, vous ſeuꞇ agrer. & ob-
ꞇenir faveur de vos béniꞇitez.

& à ſeꞇe fin qomme jé, reꞇerꞇé de tout mon
pouvoir, des ïeux de tout mon inteleqte: je n'en é
ſeu trouver auqun plus qapable de ꞇel éfeꞇ, qe
vous propozer le moien, de réformer nôꞇre ortografe? & de qorrompue qelle æꞇ, la rendre púre,
& aqomplie: voire éxelente ſus touꞇe autre.

je di, qelle æꞇ tre s qorrompue, abüzive, & fal-
ſifiëe, & qꞇoi qe vôꞇre Majeſté, la reqognoîꞇra
æꞇre telle.

Par ſe qe là où elle doit, æꞇre qonforme à la parole, ou qomme ſon miroir ſertein, la reprezen-
ter ſans dégꞇis, & en ſon aparenſe vrëe: elle la rend
toute diforme, & variée, & diſemblable? voire
telle qe ſeulement l'eꞇranjer lizant nos éqris, &

les prononsant tez qis sont, en sete vieille ortografie : va prononsant tout autrement, nos mos
q'il ne faut prononser. Més nos plus éxersez lizeurs, en fôt bié souvét tout autant, & se pourpré-
dre meintes lettres, en deus fonáses tres-diverses.

Jé séte persuazion qe puisq'il á pleu au treshaut,
vous inspirer se bon vouloir, au grand bien de
toute la Franse de réformer entierement, se qi se
treuve réformable : vous ne devez poin néglijer
d'entendre à nôtre ortografie.

A raizon qelle n'æt pas moins, reqize à donner
la beauté, & la grâse, & la bien séanse, à la parole,
qi de vré æt l'imaje de nos espris: qe sont aus abis
les étofes, à nous les rendre qonvenables. Sela
qonvient, & apartient, à votre haute Majésté, &
à votre gloire, & sajése.

Vous ne sauriez rien batir, de plus long'e, &
belle mémoire, ne qi fáse mieus remarqer, le tems
de votre noble régne.

Qand on parlera d'un grand Roi, Roi de Franse, & de la Navarre: onneur des Prinses de Bour-
bon? on dira le réformateur, de nôtre ortografe
Frásoize, & plutôt sela se dira, pour regarder toute la Franse, l'autre une vile seulemént.

& pourtant jé tres-volontiers, employé mon
soin & mes veilles, & travaillé fort long'ement,
afin de trouver le moien, de telle réformassion:
Moien qe jé en fin ateint aidé de la grâse séleste,
pour le moins je me le promés.

Qat jé bati un *Alfabet, & modèle sus iselui en forme de dixionnére,* qi veus de meins tres-doctes ommes, & des plus renommez de Franse, ont été

jujez aprouvables , & trouvez dignes d'æꝗremis
à la veüe de tous Fransois.

Entre autres monſieur d'Anfrevile aprezent
mæꞇre des Reqæꞇes ordinére de vôꞇre oꞇel , &
parſidevant prézidéꞇ, & juje au ſieje de Qouꞇan-
ses, auſſi Lieutenant jénéral en noꞇre île de Qo-
ꞇentin, noꞇre ſoleil en la juꞇiſe , & en la ſienſe des
lettres , la trouvé digne de lumiére, & de vous
æꞇre prezenté, ſe qi m'a ſus tout enhardi, l'ofrir à
vôꞇre Majeſte, pour æꞇre ſelui qe je ꞇiens, trei-qa-
pabled'en bien jujer.

& je croiqe vous trouverez , auſſi qu'il æꞇ ꞇel
q'il le faut, ſ'il vous plæꞇ le qonſidérer : Qomme
ſelui qui rend nos mos, qomme les mieus dizans
prononſent, & ſans auqun égarement.

Toutefois, je ne lé pas fet, ſans inventer auqu-
nes lettres; car je trouvé qe ſans ſela, nul n'en ſau-
roit venir à bout.

Més à raizon q'en ſe faizant, je prononſe une
nouveauté, toute éꞇranje de l'ortografe: inſinuée,
& de tout tems, parmi vôꞇre Royaume (SIRE) &
qe je monꞇre qomme auqun, n'a enqor eqrit pro-
prement, ni tant ſeulement une ligne , & meins
non pas leur propre nom, ni mæme nos mieus é-
qrivans, ni ſeus qi ſe ſont injerez, d'enſeigner qô-
me il faut éqrire, & en ont baillé des préſeptes, &
fet des livres tous entiers. & brief q'en ſela je me
rens, forqonꞇrére à tous nos Fransois.

Je qreu q'en vain je tenꞇerois , leur fére trouver
de bon gout, & le reſevoir en uzaje, ſinon par vo-
ꞇre autorité, ſouvereine & de droit reſeüe , pour
loi, & mæꞇreſſe des lois.

Il apartient' tant seulement, aus Rois, & souv-
reins Majistras, de ҕanjer & lois, & coûtumes.

Qar il æ̃t tref-dur à tous peuples, de muer leurs
aqoûtumanses, tant imperfettes qelles soient, &
prinsipalement les vieilles, si seus qi qommandc̃t
sus eus, ne les font entendre à raizon.

Pourtant (S I R E) tref-'umblement, je prézente
set *Alfabet*, de nouvelle construxion, & le *Modéle*
d'iselui aus piez de votre Majesté, qe vous lui dõ-
nez qours en Franse, si vous trouvez qu'il le mérite, & q'il i soit d'utilité.

Je ne doute poin, q'aussi tôt, q'il se déqouvrira
au jour, il ne se trouve envélopé d'une infinité de
moqeurs, & d'opiniâtres senseurs, s'eforsant de
lui fére hôte, qi le voudroient mettre au serqueil
du point de sa nativité.

jamés Qaribe, ou Pigmçen, ou Nein, ou Mon-
stre, ou Sauvajeau, ne leur servit tant de rizëe, q'is
sen voudront servir de lui, & prinsipalemc̃t seus
là, qi veulent qe nous éqrivons, à l'imitassion Latine: & qi ravasent qe nos mos, sont orijinez des
Latins.

jamés auqun oizeau de nuit, se déqouvrant de
jour aus ҕams, ne fut tant agasé des jez, ou des
pïes, ou des qorneilles, qomme il sera de telles
jens, aussi tôt q'is l'avizeront.

Més s'il vous plæt de le ҕerir, d'un tout seul tret
d'eil favorable, tous ses averséres fondront, dé-
vant lui qomme les brouillas, fondc̃t aus ïeus
du beau soleil: Tous muets is séqarteront, qomme petis ҕiens aboians, voiant le Lion qi s'a-
proҕe.

á iiij

Deus raizons prinsipalement (S I R E) me donnent eſpéranse, qe vous les pourrez aprouver.

La premiere, pour se qis ſont à l'onneur de tous
les Franſois.

Qomme ſoûtenant leur langaje, n'æˆtre pas extret des Latins, més pluˆtoˆt le Latin du leur ; &
nous premiers qe les Latins, & en empire, & en
ſiense, & en biendizanse & doqtrine.

La ſegonde, par se q'il monˆtre, à éqrire ſi pro-
prement, qe tous liront qomme il faut lire : & ſelon qu'il faut prononser, ſans q'auqun ſi puiſſe
égarer.

E´qriture treſ-dezirée de nos plus ſignalez auteurs, & qiz ont éſéié de fére, & néanmoins du
tout en vain; qomme leurs livres en ſont foi, d'autant q'is éqrivent tantoˆt, pluzieurs mos d'une
ortografie, & táˆtoˆt d'autre, & diſemblable, preu-
ue de leur insertitude, & inqonſtanse en tel éfct :
Auſſi n'ont is eˆté reseus.

Ses deus raizons, qonſiderées, par mes plus
aféqtez qontréres, me les pourront aprivoizer : ſi
q'en fin il en aviendra, qomme il fit du Renard
d'ézope, qi trouva le lion moˆſtreus, tout premie-
rement q'il le vid; més par ſa converſaſion il de-
vint en fin familier.

Jé dit qe jé veillé lon tems, & prins grand peine
apres tel euvre, qi pour æˆtre de petit titre, & de
petit volume auſſi, pourroit æˆtre trouvé d'au-
çuns, faſile de qonſtruxion : & qi pourtant se mo-
qeroient de mon dire, & mon entreprize. Voˆtre
Majeſté en ſoit juje, nul mieus qe vous la peut
jujer.

jujez ſi ſæt peine d'avoir, inventé des lettres
nouvelles, & rendu noťre ortografie plus parfette
qe la Latine, & la Gréqe, & brief qe toute autre.

Veu q'elle eťoit ſi depravée, qe nos plus ſa vans
qorrepteurs . ne l'ont ſeu jamés rendre bonne,
qelqe peine q'ıs en aient prins, ainſi qe verrez s'il
vous plæt.

Voťre tres-'umble, & tres-fidéle ſujet
& ſerviteur , Robert Poiſſon,
équier (Auvile) de Valon-
nes en Normandie.

⚜⚜⚜⚜⚜⚜⚜⚜⚜⚜⚜⚜⚜⚜

AD DOMINVM ROBERTVM POISSON
in orthogallographiam.

QMne super vacuum naturam tollére doctus,
    Doctus et hanc vacuum non tolérar é locum.
Né quid ab ære (quod est omnis generatio vocis)
    Penna aliud, breviter Verba sécanté seçet.
Nunc novus ut fabius facis oris essé loquentis
    Verbis, scribentis Symmétro Verba manus.
Turpe perissologon né gallis possit adessé,
    Turpe perissographon né sequierqué queat.
Cùm quiá multa nihil profunt, quæ paucula profunt,
    Túm quiá naturæ fingere facta deçet.

P. A. Neuſtrovalonianus.

⚜⚜⚜⚜⚜⚜⚜⚜⚜⚜⚜⚜⚜⚜

A MONSIEVR POISSON SVS
ſon ortografe Franſoize.

POiſſon aiant conneu qe la nature ſaje
N'avoit fet isi bas ouvraje qi fut vain,
A, (comme de l'eſprit la parole æt l'imaje)
Fet de la parole ætre, vne imaje la mein.

P. A.

SuS LE PARFET
éxemplére de l'auteur:

Comme entre les miroirs, fidéle æt seulement
Selui, qi au naïf son objet repreZente,
Le pourtret seul biē fes: & de mein éxelēte,
Qe le plus subtil eil pour le vif pâtron prenů.
Ainsi qe le gidon enseignant droitemens
Au pelerin errant la seure & course sente,
Pour venir à son but: Rend son âme qontente,
& l'oblije d'amour perpétuellement.
Qomme enqor, le tailleur æt maître à son métier
Qi mieus fes à nos qors abis áproprier,
& le peintre aqompli qi mieus nature imite.
L'auteur de se Modéle, & nouvel Alfabet,
De droit & sans flater, d'être avoué mérite.
D'ortografe Fransoize, éxemplére parfet.

II.

Qar au vré naturel, & selon qe profére,
Le langaje Fransois, le Fransois mieus diZant,
Il l'enseigne à l'éqrire: & fet q'auqun liZant
Ne sauroit lire mal tant l'ortografe æt qlere.
Qomme un bon mænajer de sa mein mænajere
Set de son plant ôter tout rejeton nuiZant,
Ou tout bois superflu sa substanse épuiZant
Ou le rendant obsqur & privé de lumiere.

Il ôte abilement de tous nos mos Fransois
Les lettres q'il i voit en altérer la vois,
Ou être de deus sons, ou du tout superflües.
  Et davantaje en set nouvelles surrog'er
Qi fet qe liz ent mieus tes jens moins entendües,
Et q'on ne sauroit plus du vré son divag'er.
                              P. L.

IN NOBILIS VIRI RO-
BERTI POSSONII ALPHABE-
tum ortographum linguæ
gallicanæ.

Octastichon.

AN tibi inqua négat, Possoni gallia laudes?
  Quid? tua non meritus tempora cinget
honos?
Fallor, ubique tüum celebrat jam gallia nomen:
  Nec meritis lauros dénégat illa tuis.
Quid tu? ritè putas dum quà scriptura rédundat:
  Huic sua das brevibus pingere verba notis.
Quin etiam libro loquimur correctius isto:
  Te liber, at magno nomine dignus homo és.

Steph. du Ruel Alermo Valoniensis.

ALIVD EIVSDEM.

In laudem Neustriæ Normanorum.

Tetrastichon.

G Allia néctario jactas tua verba lépore:
    Quorsum éa , cum possent vix béné
    scripta légi?
Gaudé igitur, gracilés quondã Déus ipsé loquélas:
At facilé has scriba *Neustria* sola dédit.

EPIGRAMMA.

Q Vis tibi préstétur (lector) nũc cerné libellus
    Rara nisi raris nula fovenda tibi.
Raru in quod doctum quæ prestát docta sequéda.
    Cnuctis quod præstas charius essé liquet.
Pandit quod latuit gracili tritonidé fisus.
    Doctum quod pandit quæ tenet ipsé nova.
Respicé: tum capiés quæ sunt doctissima doctis.
    Accipé quod charum que canit ipsé téné.

Stephanus David Valoniensis.

SuS LE MODÉLE
de l'auteur.

PLus l'eutreprize ét mal aiẑée
Plus a la poursuivre, ét ardant
Selui, qi a l'àme éẑaufée,
D'vn dezir jenereus ẽ grand.

  ẽ ni la long'eur ni la peine
Ne le peuvent qontretenir,
Q'au dernier point il ne l'ameine
Ou seul il pense parvenir.

  Pour espoir q'il a qe la gloire
A qiẑe aveq tant de travaus,
Eterniẑera sa mémoire
Sus la terre ẽ desus les eaus.

  Tout autant (Lizeur) tu peus dire
De setauteur dont tu resois,
Le Modéle de bien éqrire
Nôtre dous langaje Fransois.

  Qar il n'a poin perdu qouraje
Pour toutes les difiqultéẑ,
Qi en se nésèsère ouvraje,
Se prezentoient de tous qôtéz.

  ẽ qi firent qiter la plase
A Ronsard, ẽ mæme à Báif,
Lesqeẑ avoient bien pris l'audase
De fere sete euvre au náif.

Més lui au rebours plein d'envie
De rendre toute utilité,
A la Franse, & à sa patrie
Jusq'à la fin a reziste.

   Il n'a poin qreint des averséres
Tout le venim qintilien,
Q'is digorjent qomme vipéres
Envieus sus les jens de bien.

   & qi nez en dépit des Müzes
Ainsi qe les Mégariens,
Le qommun peuple par leurs rüzes
Vont desevant par tous moiens.

   Non, non, ses boufons sans servelle
Tous tous qamus d'entendement,
Sans'umeur, sans suq, sans moëlle
Il ne redoute auqunement.

   Aussi de sete ortografie
Les insupérables raizons,
Fraperoient tôt de l'étarjie,
Le vévaje de tez oîzons.

   Les doqtes qi ont qonnoissanse
Du grand bien qe set euvre fet,
Portent'onneur & révérense
A set auteur qui l'a parfet.

   Les vieillars à la barbe grize-
A deus pas proge du tombeau.
Dezirent qe leur soit aprize
Sete ortografe de nouveau.

   L'enfant pendant à la mamelle
& seus du plus grand âje aussi,
Ne resevront d'autre Modéle
Pour eqrire, qe setui si.

Somme les 'ommes de tous àjes
Soient preᴢens ou soient à venir,
De tous Roïaumes ℰ paiᴢ ajes
Voudront se Modèle tenir.

Tant sete forme æ̂t nésésére
Pour bien éqrire ℰ librement,
Selon le parler du vulg'ère
ᴢaqe mot, sans deg'iᴢement.

Or j'oᴢe bien dire sans feinte
Tout ainsi, qe le plus sàvant
De Franse, n'a peu faire ateinte,
Au but de set euvre éxélent.

Q'en la mæme sorte ℰ maniere,
Nul à sa gloire n'ateindra,
Luiᴢante qomme une lumiere
Qi jamés ne se déteindra.

D'or a prins ᴢois.

Vantez tant qe voudrez de Ronsard
les éqris,
De Rámus, Péletier , Báif, Robert
Etiene,
Leur réformaſſion d'ortografe an-
ſiene,
Poiſſon en a l'onneur, le profit, & le
pris. *Apointons noiſe.*

Prefase

Préfase.

L'AUTEUR AU LIZEUR, SALUT.

AMI Lizeur, Comme jé observé trescontréres opinions, entre nos écriveins Fransois, touçant l'ortografe Franso ze:ainsi q'on voit communémént,les avis des 'ommes, divers,& opozez, en toute e9oze.

Asavoir,les uns éstimans,sele ætre seule bonne,& vrée,qi suit au plus prés la Latiné.

& les autres sele qi peint,tous mos simplemét tout ainsi,q'is sont prononsez par les doctes,& les reconneus mieus parlans.

jé aussi curieuzemént,reeerré routes les raizons,aleg'ées des deus partis: pour voir leqel je devoi suivre; rézoulant pourtant d'adérer à selui qe je trouverois,en avoir de plus évidentes,& valides,& aprosantes,de la constante verité; pour ætre isele la lumiere,& la régle qi doit toujours & régler,& gider,les 'ommes,en tous leurs actes & déseins,au præjudise mæmemét,de tout nombre tant grand soit-il,& de toute coutume,& loi, tant soit antiqe & aprouvée.

A

Rézonlant (di-je) q'il vaut mieus avec un ou
deus, ou tout seul, suivre se qi æt bon & vré, q'a-
vec vn monde s'égarer, & érrer en confuzion:
Nonoftant se proverbe vieus, *La commune erreur*
fet vn droit, dautant q'il demeure conftant, q'erreur ne fe doit aprouver, & qe toute faute æt bla-
mable à toujours, & partant fuiable, en fuite de
néfésité.

Se fut pourq'oi fort hardiment, & avec audase
louable, Ariftote oza bien écrire encontre fon
mætre Platon, combien q'il fut creu comme
oracle, & dit le divin Filozofe : voire pourq'oi il
propoza, meins axiomes tous nouveaus, & non
ouis des devanfiers, dizant pour fentense invinfi-
ble: ami Socrate, ami Platõ, més plus amie vérité.

Or voifi le foutien de seus q'i veulent qe nous
imitions l'ortografe des mos Latins, en nôtre
écriture Franfoize.

Raizon des Latinortografes Franfois:

Qe nôtre langaje æt extret & né du langaje Latin.

& q'en reconnoiffant sela de tout tems, tous
ommes de Franse, & mæmement les plus favans,
ont conformé tant q'is ont peü leur ortografe à
la Latine.

Eftimans, qe l'on ne fauroit avoir aucune intéli-
jense de nós dixions autrement.

Sæt à dire en fomme, q'il faut pour bien écrire
le Fransois, à leur contentement & gré, f'aider de
lettres fuperflues, ou improprement vzurpées;

car ainſi en font les Latins en la grand part de
leurs écris.

Les autres, qi tienent q'on doit écrire comme
on parle bien, tout ſimplement & purement, ſans
prendre une lettte pour l'autre, ou en mettre de
ſuperflues, propozent tout contrérement les raizons qe voiſi ſuivantes.

Raiʒons des vreʒ ortografes Fransois.

, Qe les lettres ſont inventées, ſelon luniverſel
avis, des doctes : mæme entre tous peuples pour
exprimer un ꝺacun mot, en ſa vrée, & propre ſonanse.

, Qe toute ſuperfluité ǽt corrijable & à fuir.

, Tout abuzaje réformable.

, Tout promt moien détude, ou éfet vertueus,
beaucoup meilleur que le tardif.

, Tout miroir faus, qi ne rend poin lobjet ſelon
ſon éxiſtenſe.

, Qe l'imaje doit réſembler entierement à ſon
ſujet.

, Qe fruſtre la pluralité, là où le peu ǽt ſuſizant.

, & ſomme qe le ꝺemin court, dous, & seur, vaut
mieus qe le long, & raboteus, & inſertein, à qiqonqe entreprend voiaje.

Confrontant les unes aus autres, ses diverses
produxions, de ses deus contréres partis : je con-
senti treslibrement, au dernier, comme au mieus
fondé, & n'en é fet dificulté, pour le voir en nombre petit, en la comparézon de l'autre, ni pour remarqer son avis contre la coutume uzitée, & de
son tems suivie en Franse : & je croi bien (ami
lizeur) qe volontiers inclineras aveqes moi de se
coté, voire sans rézistense aucune.

Car q'elle raizon i a til, ou conjecture vré semblable, pour afermer & croire ainsi qe nos mos
vienent des Latins, ou l'ont prins ses subtis re-
venrs? veu q'il demeure pour constant, qe lon-
tems avant les Latins, leur Romule, & leur Latin
mæme, les Gaulois & Fransois avoient monarqie
ample & riœe, & grande: & qe leur parler naturel,
& simplement nassional, florisoit autant q'auqun
autre : comme l'a bien seu remarqer, du Bartas,
Orfé de nos Poëtes, par les vers qe voisi suivans.

Avant le nom Latin, & qe les Romulides
Eussent le œamp de vandre en pointes éœ izé,
Le parler docte seint des Bardes & Druides,
En Grése, en Italie, en Memfé etoit prizé.

Les Druides tant rénommez etoient 'ommes
tres-vertueus, sajes & profons en savoir, sortis de
Galad, l'un des fis de Gomor, segond de Jafet, dõt
les Gaules, & les Gaulois, ont prins leur nomi-
nassion.

Druides nommez à raizon, de Dreus, vile en
Franse batie, à l'onneur du pluigrand d'entreus

q̇ portoit un semblable nom , où il leur pleut
fonder leur sieje, & leur demeure prinsipale.

Là tous peuples de toutes pars, venoient à eus
comme à Oracles , & donnoient lois, & régle-
mens, à tous Fransois, en majistras, & jujes irré-
prehensibles.

Là is jujoient tous diférens, seulement en trois
audienses q̇ is tenoient par ς̇aq̇ une année.

jule Sæzar ateste deus en ses Commentéres des
Gaules, par eus a été aporté notre Fransois langaje en Franse.

& meint siecle avant q̇'on parlat, des Latins ni
d'Italiens, asavoir, asez tot apres, q̇'il pleut à Dieu
de divizer, les ommes, par diverses lég'es, en toutes rejions du monde: afin de les peupler d'iseus.

O le beau langaje Fransois, & fort de tous peuples prizable pour son antiq̇e extraxion: s'il étoit
sorti des Rommeins? Des Rommeins (di-je) dé-
fendus de grossiers peuples ramassez, & d'une im-
pudiq̇e vestale, selon leurs Istoriens propres, rices
des dépoüilles d'autrui, tous nus avat leurs pilh´-
eries tous nouveaus, & tous les derniers, aiant
aq̇is bruit par le monde, & desq̇ez on ne parloit
mot , du tems des Ebreus, Caldëens, Asiriens,
Ejip-tiens, Perses, Médes, Troiens, ni Grez.

O povre parler q̇e seroit le notre, s'il étoit sorti
de si mizerable orijine, s'il n'étoit rien q̇e le fri-
pon de tez fripons, & vrez corséres: si rien q̇e leur
enfant batard, leur avorto & supozé. O reproςe
trop outrajeus, & trop ofensif à la Franse? O l'in-
jure, O le vitupére, O l'impudense intolérable.

Mais plutot les mos des Latins, ne sont q̇e larresins des nôtres dég'izemens & friperies, entant q'isi ont du rapott, puis qe nous sommes devant eus ; puis qe nos Druides parloient devant leur nom, mieus que tous peuples.

Si un langaje derrivoit d'un autre, le nôtre seroit trop plutôt prosédé du Grec, comme si conformant trop mieus: ainsi qe la seu remarqer Rôbert Êtiene au beau trêté q'il a fait de ses deus lágajes: & mæmement pour se qe sont les Grejois ainez des Latins, & d'Empire, & de bien-dizanse.

Qand Lusian brave auteur Grec florisant du tems de Trajan, vint voir les Druides en Franse, il perdit tems de leur parler en Latin, & n'en eut réponse q'à lors q'il discourut en Grec.

sozé qi peut encôre induire, à croire q'is n'entendoient rien à se langaje des Latins, & q'il n'avoit aucun raport au leur, & n'en derrivoit poin: comme on a ravasé depuis.

& pozé qe nôtre parler, tirat du leur son orijine, nésésére ne seroit pas d'imiter leur ortografie, veu q'en la grand part de leurs mos, elle æt abuzive & perverse, q'elle donne faus son aus lettres ou en apliqes superflües, comme l'ont mæme reconnëu, pluzieurs de leurs plusgrans docteurs, & mæme aucuns leurs Empereurs, & nommément le grand Auguste.

Par q'elles raizons pourroient-is nous prouver q'is ne faillent poin, d'uzurper ainsi comme is font, & presq'en saqe de leurs lignes, ou la c. ou la t. pour s. ou s. pour zedde, ou les c.t. pour x. ou les p.h. pour f. puis q'il faut qe saqune lettre, ait son son tout particulier, & à toute autre inconsérable,

Comme diront-is q'is font bien d'apliqer deus
lettres pour une à l'endroit ou une sufit, puisqe
nuit superfluité.

Qe leur peut servir d'aleg'er, l'antiqité de leurs
écris, l'autorité de leurs auteurs, en nombre tant
soit il nombreus: contre les canons de raizon, qi
foudroient tous ses obstacles.

Qe sont les régles q'is ont fettes de leur préten-
due ortografe, qe régles de derréglement, & de
toute confuzion.

Is ortografient ainsi ses vocables & leurs semblables.

dic tio,   ra-tio,   ora tio.

& les prononsent comme écris, par x.& par s.
comme ensuit.

dixio,   rasio,   orasio.

& nous pour les mieus imiter, écrivons dic-
tion, ac tion, où nous pronosons dixion & axion,
son tout contrére, q'elle defense à telle faute.

Is ortografient sc iré & sc ientia par s.c. ou seulement s.i sufit, & ou la c.qi æt la ké, i æt superflue
& nuizible: & ou is la prenent ailleurs, pour ké, &
qu, comme en ses mos, scoma, scola, scabellum,
scrops, comme le font is sans abus.

Is prononsent Muza, cauza, Sæzar, comme
écris par la zedde, ou is les écriuent par s. jigas où
is peignent gigas jeorjius metant Georgius.

Auec aussi bonne raizon pourroient écrire
Goannes, au lieu q'is mettent Ioannes, puis q'ainsi prenent i. pour g. & g. pour i. confuzément

Is prononsent vinco, ago, lego, pour ætre écris

A iij

par ké,& g. Tout auſſi toſt vinsis, aɟis, leɟis, muans
ké en sé, g. en ɟé, sesi par qel derrogatoire.

  Is ne font poin dificulté de convertir x. or en g.
& or en sé qi æ̂t la ké du premier kas en ſon ſe-
gond, écriuant paſis apres pax, & auſſi reɟis apres
rex: pourqoi dont font·is moins hardis, à ᵹanger
à tous autres mos, les lettres selon q'is pronṍsent.

  Il faut q'is conſeſſent par là, leur opiniæ̂tre igno-
ranse, & tous Franſois les imitans, leur faute en
ſuite néſéʹére.

  Qe diront seus qi de nouveau, ont mis des livres en lumiere, pretendant par eus enſeigner à
bien Franſoizement écrire.

  L'un par ſa gramma-ire Franc-oiſe , & l'autre
par ſon ortogra-p-he, q'il nomme la u-raye
Franc oi ſe, veu qe par iseus ne font rien q'éſéiet
de rendre aprouvées, les fautes qi ſont réforma-
bles, & trop communes, & fréqentes, pour mieus
imitet les Latins.

  Qe dira ton d'eus, fors q'is ſont fautiers par imi-
taſſion, réformateurs à reformer, gidons aveugles
à gider, Médesins treſ-medesinables.

  Pour la preuve & témoins, serteins ſoiént leurs
eſcripts, & eſcriprures, leur inſcript & inſcri puát,
leur Franc-ois & leur Franc-oi ſe, leur mi-eulx
& ɥi-eulx, leur u eult & peult, leur ha ult & ſa ult,
leur I an & I e han pour ɟan, mon ſtre pour mṍ-
tre, u euſue pour veve, Iui ſue pour ɟuive, Apu ril
pour écrire Avril, Febu rier pour Fevrier, debu-
oir pour devoir, libu re en lieu de livre, Libra ire
pour livrére, libra rie pour livrérie, Febu re au
ieu de Fævre, leur ac-tion pour axion, leur an tiea

pour anſien, leur fa ire au lieu de mettre fére,
leurs i'ay & n'a y pour jé & né, leur ſo eur pour
ſeur, leur bo euf pour beuf, leur co eur pour
keur, leur o eil pour eil, leur morve pour morue,
de ſert pour dézert, de ſirer pour dezirer, u itre
pour vitre u i u ier pour vivier, hau re pour havre,
& mile tous tez inſérez dans leurs nouveaus livres d'abus.

D'ailleurs, comme ſoutiendront-is, se pozé q'is
tienent conſtant, qe ſi l'on n'écrivoit ainſi, & aveqes telle ortografe, aucun n'entendroit ſon parler; veu q'en la grand part des Franſois, qui ne ſavent mot de Latin, ni cognoiſſent lettre qelqon-
qe: comme mars, ans, & artizans parlans bien &
correctement, & entendans bien se q'is dizent.

Non, non, se n'æt poin le Latin, qui nons fet entendre nos mos, on n'a bezoin d'i recourir, pour
en avoir l'intellijense: Encores moins ſont enten-
dus par leur forme d'ortografie.

Saqe langaje qel q'il ſoit, Anglois, Flamant, ou
Eſpagnol, æt aprins de ſa naſſion, de pere en fis, de
mere à filh'e, & toujours du grand au petit, par in-
ſtruction aſidue, & par obſervanse ordinére.

Pluzieurs vocables tous divers, en leur ſinifica-
ſion, ſont écris, voire prononsez, de maniere toute pareille, mæme entre les Grez & Latins, & tous
autres peuples du monde. Mes l'antéſédent ou
ſuivant, les fet diſting'er & connoître, non l'écriture ni l'axent.

O, q'il feroit beau ſ'enqerir de seus qi n'ont a-
prins à lire, qez ſont noms, verbes ou pronõs, de
tous les mos q'is parlent bien: On se riroit avec

raizon de ſi curieus enqæteurs.

Dont pour n'avoir trouvé q'abus & fantaſtiqe
opinion en ſes prétendus en ſeigneurs, de notre
vree ortografie: ni mæme en touſ ſeus qi comme
eus veulent derriver tous nos mos, de la neuve
ſourſe Latine; & plus pour tenir invinſibles, in-
ſolubles, & tref-ſerteines, les raizons de leurs o-
pozez; ſoutenant q'on doit ſimplement écrire
comme on parle bien pour écrire correctement,
& mæme pour avoir eté Ariſtote pére des lettres,
& l'eil de la Filozofie de ſet aviſ: & aiant dit q'une
lettre ne peut avoir q'un ſon, non plus q'un cors
deus âmes.

Je me ſuis toujours éforſé en tous les écris qe
jé fés de ni plaſer lettre inutile, ou ſuperflue, ou
uzurpee.

& delà je né poin failli d'ætre derrizé de pluzieurs pour écriture ſi nouvelle, & ſi ș, anjée de la
vieille en tous lieus de ș, aq'un ſuivie. Toutefois
parmi ſes moqeurs, ſe trouvât auq'un l'aprouvât.

Tant i a qe des deus cotezé je été ſouvent pro-
voqé par fort long'e eſpaſe de tems d'en produire qelqe exemplére; ſe q'en fin me ſuis rezolu
d'entreprendre ſoigneuzement, tant pour les en
contenter tous, qe pour ſe qe jé eſtimé q'il pourroit ſeruir au public.

Jé donqes fet à ſete fin vn *Alfabet*, auqel jé mi
qatre lettres q'é inventées, & ſans leſqelles je
trouve q'on ne peut écrire au parfet.

& pour ſervir d'inſtruxion d'iſelui, l'é acompa-
gné d'un *Modéle* qe jé conſtruit en forme d
dixionnéres.

Mes je te prie ne douter, qe je ne lé pas entre-
pris, afin de dégoûter aucun, des livres qi sont a-
prouvez, tant des Latins qe des Fransois, qelle qe
soit leur ortografe : Car d'ailleurs nous sommes
tenus de les aimer & vénérer pour leur doctrine
de grand fruit: voire les tenir tout ainsi qe reliqes
tref-présieuzes.

Ains seulement pour te monctrer qe nous pouvons écrire mieus, & beaucoup plus fasilement
& plus liziblement aussi, mæmement avec moins
de tems qe l'on n'a écrit jusqisi, si l'on suit son
enseignement.

Voire beaucoup fasiliter la lecture de nos écris,
Fransois, à tous les etranjers; si qe plus ne sera bezoin, de se servir de se proverbe abüzif & trop
pédentefqe qi dit *faut aider à la lettre.*

Car les lettres simplement prizes, en leur son
propre & naturel, & ainsi q'il convient placées:
d'elles mæmes nous aideront à la prononsiassion.

& par là, noctre ortografie éxélera infiniment, &
l'Ebraiqe, & la Latine, & la Gréqe q'on vante tât:
Comme sele ou l'on ne voirra lettre qelconqe
superflue ou de sa sonnâse çanjée, ainsi q'on voit
en tous lan gajes.

Seus là ne sont poin à blamer, mes plutoct à pri-
zer beaucoup, qi aus belles invensions ajoutent
qelqes çozes belles.

Seus aussi qi fasiliter, peuvent les çozes difisi-
les: brief, amender ou embélir, qôi qe se soit, sont
onnorables & recommandables à tous.

Nous sommes beaucoup oblijez à seus qi trou-
verent les lettres, & qi écrivirent prémiers sus ta-

blettes, & sus écorses, sans sela se perdroit du tout
la mémoire de toute soze.

Mes tez écrivaient tous vocables, de seize lettres seulement.

Sis ont été lon-tems apres, inventées par les
suivans, fort utiles & serviables, au grand'onneur
des inventeurs.

Comme aussi l'on a inventé, l'Imprimerie depuis peu, s'æt à dire lon-tems apres, q'on tient de
toute invension, la plus utile, & glorieuze.

Le tems instruit de jour en jour, les premiers
n'ont pas tout parfet, Nature ser de mieus en
mieus, produire ses vertus au monde. On peut
bien ore apersevoir, fautes des ansiés non veues.

Pourtant seint Augustin dizoit q'il ne se tien-
droit ofensé, d'a prendre d'un enfant d'un an.

D'eure en eure nous remarqons, couturiers
sanjer hardiment, la forme de nos væêmens: &
voiant les nouveaus construis plus seans qe les
présedens, volontiers nous nous en servons, & les
i préférons beaucoup.

Aussi pourra ton hardiment, & sans ofense des
passez, væêir de neuf notre ortografe, & d'abit
etofé ainsi, comme l'enseigne se Modéle: s'il æt
reconneu plus parfet.

Au vieus tems, les 'ommes portoient lons ho-
qetons, sans haus de sausses, & des toqes & des
bonnets, s'estimans asez à l'onneur, væêus d'abis
tez & si simples: & ores on se moqeroit de nous
en voir ainsi yæêus.

Ainsi je croi q'on lessera l'ortografe du tems
passé, voiant sete si plus séante.

Le dezir q'ont eu nos auteurs éftimez plus nàis
Fransois, de la voir pure & réformée : & fus tout
se q'en a écrit Ronfard, nôtre Fransois Virjile, &
l'ornemét de nôtre leng'e: Ma fet beaucoup plus
hardiment entreprendre se petit livre ; auqel jé
fuivi au plus pres le ʒanjement q'is ont reqis , &
de moi-mæme raporté ʒoze d'autrui non ob-
fervée.

je lé fet tout expreffément en forme de dixionnére , où tout æt ortografié à la forme vieille &
nouvelle, qe par la, l'on voie tant mieus la grand
diférense d'entre elles , & laqelle æt la bonne &
vrée.

Mes pour f'en fervir, il convient, obferver le
vré fon des lettres , & les difting'er proprementt
& comme sæt q'on doit plaser les diftong'es &
les axens.

A sete fin je té dréfé, un *Alfabet*, comme reqis,
& des notez fus icelùi, pour t'en feruir d'inftru-
xion.

Adieu.

ALFABET.

A,
Bé,
Cé,
Dé,
E,
Fé,
Jé,
Gé,
Hé.
I,
ka. qé, cu.
Lé,
Mé,
Né,
O,
Pé,
Ré,
Sé,
Té,
Vé,
u.
Xé,
Zé,
&.

RE'GLES DE LA VRE'E
ORTOGRAFE.

A.

A æt marqée de deus poins , ou bien d'un axent sirconflexe, qand elle sonne comme double, & nous rend sa silabe long'e , & ainsi comme je les més, en ses mos Aje, Apre, teâtre, plâtre, folâtre,& tous semblables.

Més qand elle æt bréve, elle æt simple, & ni voit-on aucune marqe, comme en seus-si, abé, avec, apui, atret, ateint, & autres.

Bé.

Bé qi vaut la béta des Grez, & la beth des E'breus aussi ni æt jamés qon il la faut : & pourtant je lé retren ée, de tez mos qe les ensuivans , ou elle nuit évidemmennt: à livre, devoir, fævre, Février, féve, & de tous autres pareis.

ҫé.

ҫé, æt une lettre nouvelle , & de ma propre invension, je l'estime tresnésésere, à bien écrire tous vocables, comme seus-sy, ҫantre, ҫapeau, ҫarité, ҫ ois, ҫiҫe, ҫanson, ҫartier, ҫemize , ҫoze, ҫer,

B.

 çafteté, çaqun, çeminer, qon a jusqisi mal écris,
par ses deus lettres c.& h. d'autant q'elles ont
tourtel fon que la ké quand on les afemble:& ne
fauroient q'improprement, ætre prizes pour
sere çé.

Ses dixions, écho, échole, chœur, chorde,&
telles en font preuve; car écrites par ses deus lettres, comme on les treuve fort fouvent,& mæme
en tous dixionnéres:elles fonnent comme par ké,
& aufſi raizonnablement, on liroit par telle ortografe, cantre, capeau, carité, cois, kiqe, qanfon,
ou karje,& qer, bien qe l'h. ifut ajoutée, comme
vous lizez en se lieu, fuivant l'exemple antésé-
dente:se q'on ne fauroit neaumoins q'avec tref-
grande moqerie, car il les faut écrire ainfi qe si-
devant par notre çé.

Remarqe q'en set Alfabet sere figure demi
ronde C.n'æt autre çoze qe la ké.

Mæme q'il n'ia d'autre sé qe la lettre s.qe ji figure, de deus fortes pour un regard, qe je déclare
si apres.

je ne trouve aucune raizon d'uzurper sere C
ou ké, pour notre sé, comme on l'uzurpe :car sæt
egarer les lizeurs,& aporter confuzion.

Veu aufſi raizonnablement, qon pourroit lire
far pour car, fuir pour cuir, aves pour avec, tras
pour trac, éfus pour écus, & éfuier pour écuier,
éfuelle pour écuelle, éfole pour école, éfolier
pour écolier, éfofoize pour écofoize, éfufon pour
écufon, éfoufle pour écoufle, éfourter pour
écourter, éfrire pour écrire, éfot pour écot,& mi-
e autres les écrivans par seres é.

& de mæme aus écris Latins, Surro pour curro,
Sur pour cur , & hus pour huc, & fas pour fac,
Sato pour Cato, & pareiz.

Dé.

Dé ni æt qou elle æt reqize , & fuperflûment
mile fois , & pourtant jécri fimplement, ajoint,
aveu, avis, avocat, ajourner, & avertir, & tous pareiz fans m'en fervir, & la jouter, feus la qi la joutent me femblent, ofenfer la prolaffion.

É

É mafculine ou élevée, ni æt diftingée de felle
qi æt prononfée cadente, & tenue pour feminine,
par qelqe autre forme ou figure, ainfi comme æt
entre les Grez, leur é brieve d'avec leur long e
Ains feulement par un tiret ou axent égu mis
défus, en la forte qe le voifi, é.
La féminine i æt fans marqe.

Fé ou ef.

Fé ou ef æt mize en tous mos, ou pour elle on
met p. & h. car il n'i a poin de raizon d'apliqer fes
lettres pour elle : d'autant qelles fonnent p.hi.
plutôt qe fi, à bien les prendre , outre leur fuper-
fluité.

& pourtant jécri fofion, Filozofe, Filozofie, Fi-
lipe, Nimfe, & leurs femblables, avec fete fé fimplement, & tout ainfi comme l'on fet, fis, filh)e,
folie, Fransois, & femblables qi ne f'écrivent a-
veqes fes lettres p.h.

B ij

jé.

jé æt autre lettre nouvelle, de mon invension
auſſi, afin qon n'abuze de l'i, la faizant conſonne
pour elle, ainſi qon a fait iuſqiſi, par abuza je inex-
cuzable:& mæme afin qe noſtre g. ſemblable à la
gamma des Grez, & à la gimel des Ebrieus de ſa
ſonanſe naturelle, ni ſonne ainſi de divers ſon, à
légarement des lizeurs.

jécri par ſete jé tez mos, paje, ſaje, dommaje,
jaqe, jile, jorje, jéant, jizant, ſerjent, jan, jáne, juje,
jules, jacob, julien, & pareiz.

Car pourqoi, puis qon dit Gilh'aume, & dag'e,
& bag'e, écris par elle, auſſi roſt on liroit jilh'aume,
daje, & baje, & pluzieurs antres, aiant ſete jé
double ſon.

jécri auſſi jujement, juge, jalous, jolis, jenæve,
& jeus, & tous mos de telle ſonanſe, avec ſete
nouvelle lettre, au lieu d'i apliqer noſtre i. reſtant
toujours ſimple voielle.

Més afin qe faſilement, ſete lettre ſoit recon-
neue, & diſting'ee comme il faut, & qon lize plus
aizément: je lé ſette peu diſemblable, de l'*J*. & de
la g. auſſi, voiez ſi deſus ſa figure.

Gé.

Gé, ſonne dont toujours iſi, en gamma jamés
autrement: qelqe vocale qi la ſuive.

Més il æt bezoin remarqer, qe lors qe la né viét
aprés, on la beg'ee qelqe peu, comme en ſés mos,
ſeig'neur, mig'non, roig'non, bezoig'ne, enſeig'ne,
& tez.

Adont apoſtrofe æt deſus, afin d'en ſervir pour
indiſe,

Hé.

Hé ou h.i æt comme lettre autant néséšére
q'auqune, d'autant que nous avons meins mos,
qi sans elle ne se prononsent: comme seŭš si, haie,
héraut, haine, hardi, hure, & hoqet.

Més je né l'apliqe jamés, aus dixions non aspi-
rées, & ou elle n'a sa valeur.

j'écri onneur, & non hon neur, ommaje & ja-
mais hom maje, éritaje & non heritaje, abile, &
nule fois habile, eüre non heure, eüreus non heu-
reus, omme non hom me, seŭs qui la joutent en
tez mos, ne sauroient aleg'er d'excuze.

Més a écrire bien seŭs si, pilh'e, pilh'ard, perilh',
périlh'eus, égilh'on, filh'e, fausilh'e, étrilh'e,
ég'ilh'e, & tous de pareille sonanse, je la més comme tres utile, pour se q'écris avec double ll, ns
sont ainsi qon les prononse.

Adonc il æt a observer, q'elle fet toujours sa sy-
labe, avec se ne L. antésédente: pourtant apostrofe
æt desus, qe sesi soit mieus remarqé.

Il n'æt bezoin de la plaser, apres l. qi a devant
soi aî, ou bien eî, diftong es, d'autant qelle ni sert
de rien pour la prononsiassion.

& pourtât sont sans elle écris, aséz bien, les mos
qi ensuivent: apareil, bailler, batailler, émailler,
efueiller, & tez.

I.

L demeurant toujours voielle, & jamés fette cô-
sonante, ni sonne iamés pour la jé, comme je mô-
tre si dessus.

jamés pour elle ne me sers, de sete lettre y dite

B iiij

gréqe, qen'empruntions rien d'étranjers, non pas
mæme à écrire ieus , plurier d'eil q'is ne lizeht
jeus, comme pluzieurs l'i font reqize : & de mæme à écrire ivrer, afin qon ne lize jurer, car je lés
estime deseus. D'autant qa jurer & a jeus, ilfaut
la jé, & non pas i. non plus la gréqe, qe la nôtre.
   Jécri Roi, foi, loi, moi, toi, foi, fans m'aider de sete grejoize, comme font pluzieurs des Fransois.
   Més ou elle sonne pour deus, & fét la silabe ætre
long'é, elle a desus elle deus poins, comme ivréie,
soie, & pareiz.

ka, qé ou cu,

   Ké en set Alfabet nouveau, æt reprezenté par
trois formes, asavoir par Ka, qé, & cu, qé par si devant on prenoit ainsi qé trois lettres diverses, isi
valent pour une seule, & sela pour moins ofenser
l'ortografie insinuce & en vzaje de lon-tems.
   Qand tu n'en voudrois poin uzer, ains t'aider
d'une pour les trois, coinme de sete dite qé, tu ne
lesseras poin d'écrire, correctement, & sans faillir.
   Voire qand tu voudras former vn nouveau qé
au lieu d'iseles, & lui donner cours par le monde.
   Par sete forme demi ronde, plutot jécri ses dixions, conferense, conformité, côtredit, couleur,
contre, croire.
   Par la q plutôt seles si, qelqun, qalité, qanti-
té, qitanse, qelcônqe, qatrieme. Més sans i mettre
u, superflu, ainsi qon a fet iusqisi.
   & plutôt par sete ké, keur, venikeur, tankeur
ist, kalendrier, contrekeur, kadram, & karæme.

Lé ou el.

Lé ou el, n'æt qou elle fert, pourtant tez mos
abile, vile, fourmile, mile, &c. font écris fans
q'elle i foit double.

& de tez mos qe ses derniers, mieus, sieus, veur,
peut, haut, faut, vaut, faut, d'autant, poufant, moudre, outre, poudre: elle æt otée & retrençée, côme nuizible & fuperflue.

Mé ou em.

Mé ou em, ı æt jéminée, où les Latins n'en mettent q'une, nous écrivons ömme, eus homo,
Romme, où ils écrivent Roma.

Toutefois, nous pouvons auſſi les écrire par
une ſimple, prinſipalement pour la rime, ſelon
nôtre diſcréſion.

Né ou en.

Né ou en, tout contréremenr, ı æt ſeule, & non
redoublée, en meins mos ou pluzieurs la dou-
blent, comme en tez qe seus ſi ſuivans, aviéné,
meintiene, çiene & ſiene, miene, tiene, auſſi tous
ſemblables.

Més qand on i en mettra deus, on n'ofensera
la ſonanse.

Ou les Latins n'en metent q'une, qelqefois
nous la faizons double, ils dizent honor, nous
onneur.

Il me ſemble qe ſete lettre, ſeroit mieus apres
nôtre t. aus perſonnes tierses, plurieres, des verbes terminez en ent, & non pas ainſi prononſez,
qelle n'æt devant apozée.

Comme en tous seus ſi duizent, puizent, çan-
tent, præçent, vienent a nonsent.

Mieus me semblent ecris ainsi, vienetn, duizetn, &c. car nous ne les prononsons poin, comme sept, lent, vent, ainsi peins.

Toutefois de tous pareiz mos, je en suivi le vieil uzaje, en atendant ton jujemént, avant que d'i rien varier.

O.

O dont les Grez ont fer deus lettres, n'æt isi q'en la forme ronde. Més qand on la prononse longe, & ainsi comme écrite double: elle porte marqe apres ante, du sirconflexe axent des Grez, ou a deus petis poins sus elle, comme aussi les autres vocales: ôt, tôt, dispôt, soient pour éxemple.

Pé.

Pé, ni æt doublée en tez mos, apui, apointement, haper, d'autant q'une semble i sufire.

Elle s'i rencontre aussi, superfluement ou elle nuit, ainsi q'en sa vocable Avril: écrit par aucuns April, & mæme en tout dixionnere.

Ré ou er.

Ré ou er, ni enforsit poin sa sonanse de hé suivie, car james je ne lui ajoute.

J'écri Rac̨el, sans sete hé: & retoriqe tout de mæme.

Sé ou es.

Sé ou es, ni æt apozée, pour zé ou zedde nule fois, ains i a toujours son plein son, divers d'isele, & tout ainsi, qa la sigma de la zita, entre les Grez, & la sameth, d'avec la zaim des Ebreus.

Elle n'æt doublée q'aus mos, ou son doublemæ̃t æt reqis pour la prononsiaffion, comme en seus si, Messe, Prinsesse, metresse, c̨anterelle, presse.

En tez qe ses autres , noblésé,sajésé,riɇésé,jeu-
nésé,adrésé,jentilh'esé, éscin,elle æ͂t sans segonde
toujours.

ɇe la retrenɇe mæment,de tous tez mos que les
suivans:æ͂t,é͂toit,é͂tui, é͂tat montre,&c.

D'autant q'elle corromt leur son , & les deg'ize
entierement,en lieu de montre elle set mon stre,
& és tat , és tui , & és toit.

Les Latins dizent sum,es , est , & pourtant écrivent fort bien,est,avec sete lettre s.

Més nous dizons,ɇe suis,tu es , il æ͂t : l'écrivant
bien sans elle.

En tous tez mos qe sont seus si, lé son g lason,
ranson , mason , fason,arson,sent,Siel,Sæzar,se-
lui, serui, elle tient reng,pour la C.vieille qi ne
vaut,isi qe pour ké,dont on sæ͂t,servi iusqisi par
deg'is.

Més afin de fére noter,se mien vzaje à tous
lizeurs,voisi comme ɇe la figure s.

Forme qi montre clerement,comme la c. se
tourne en elle , & mieus q'en la croɇant par bas,
ainsi qe font nos écriveins,forsez de fére sé du ké.

Té.

Té ni æ͂t jamés apozée,pour i avoir le son de sé
qe l'on lui donne trop souvét : ainsi q'en ses mos,
gra tieus , devo tieus , ambi tieus , aplica tion , ac-
tion , rela tion , condi tion , asina tion,men tion,
opozi tion, op tion,obliga tion , & semblables,ɇe
les écri tous avec s.

Toujours r.sonne pleinement,selon son tä te ti
ro tu,tel de son qe la taf des Grez , & tel que la
tch des Ebreus.

Aussi on pourroit autrement, lire amisié pour amitié, mæme ₴asie pour ₴atie, avertie pour avertie, néansie pour néantie, rousie pour routie, & pisie pour pitié.

& de mæme aus écris Latins, on liroit excuzablement, grasus pour gratus, sibi pour tibi, sibisem pour tibicem.

Sæt merveille q'en mæme mot écrivant la mæme voielle, is donnent deus sons à la t. vous sufize potentia.

je ne la double nule fois, ou son doublement ne sert poin, comme à fæte, tæte, reqæte, il n'æt bezoin la dupliqer, en mos de semblable sonæse.

En seus si son doublement sert, avette, parfette, brunette, profette, brébiette, & tez.

Vé.

Vé æt aussi nouvelle lettre, & de ma propre invension, sinon de forme, au moins de son, & lettre de nésésité, & sans laqelle on ne pourroit écrire presqauqune ligne, tant souvét elle se rencontre, lizant tu t'en apersevras.

je remarqe q'a tous propos, on prend la voielle u pour elle, ₴anjant sa sonanse du tout pour la penser consonantir: comme en ses mos, van, vanité, volonté, voiaje, vertu, verité, voie, vie, vin convoie, fourvoie, & semblables.

Comme peut-on avec raizon, fére se te métamorfoze? lira ton pas e ue pour éve, seue pour séve, feu e pour féve, u itre pour vitre, en u i pour envi, u rac au lieu de vrac, morn e pour morve, verue pour verve, & hau re au lieu de havre, & au contrére mæmement, si l'u se peut consonantir,

& ſonne ainſi qe ſe te vé.

Bref ſe te vé nous æt reqize & néſéſére autant
q'auqune, & ne peut u ſervir pour elle.

De l'u difere tout autant, de ſon & de prolaſſion,
qe l'a de l'é, & l'i de l'o, n'en déplaize à nos ortografes, le divers mouvement des lèvres & de la
l'eng'e en pronõſant, mõñtre leur grãde diferéſe.

Toutes les letttes ont eté inventées & diſtin-
g'ées en leur particularité, pour leur mouvement
tout divers, en les inventans & forſmant.

u.

u. dont demeure iſi voielle, & jamés ne ſi lit
pour vé, mes elle æt ſouvent diftong'ée, cõme en
ſes mos, mui, pui, autrui, ennui, apui, feu, meu, reſeut, tout, gout, rous, ſous, vous, nous, & autres.

En ſes verbes de l'optatif, ou conjonctif, tez qe
ſeus-ſi, peut, ſeut, reſeut, conſeut, & autres, l'axét
ſirconflexe æt ſus elle, pour mõñtrer comment
is ſont lons, & comment j'en retteng'e l'ſ.

Xé ou ix.

Xé ou ix a ſonanſe auſſi, ſpeſiale & particuliere,
tant à la fin des dixions, q'au commenſement &
milieu, & ne ſi met jamés pour ſ. non pas mæme
en ſe mot de paix, monoſilabe tout divers de pàis
qi a deus ſilabes, & qi ſignifie patrie: Voiſi cõm-
me il le faut écrire, pæs.

je m'étonne ou penſent ſeus-là qi aſemblent
c. t. pour elle, commé en ſes dixions ſuivantes:
afec-tion, élec-tion, pac-tion, ac-tion, & telles,
veu qelles ont tout autre ſon, comme ſes autres
mos le montrent, acte, pacte, ſuſpecte, afecte.

Car auſſi tot on liroit axe, & paxe, & ſuſpexe, &

afexe, les écrivant par ses deus lettres, selon q'is
s'en veuleut servir.

Zé ou zedde,

Zé ou zedde a isi sa plase, ainsi qelle merite
bien, je ne m'i sers d'ʃ pour elle, ainsi qe font nos
ectiveins, tant pour se qelle a son tout autre, en
qelqes mos qelle soit mize, qe pour se qelle æt
de tout tems, de notre Fransois Alfabet, & dou-
se desus toute lettre.

Les Latins qi se sont servis, de l'ʃ au lieu d'elle
souvent, & lesqez s'en servent encor, comme en
ses mos Mu-ʃa, cau-ʃa, po-ʃuit, depo-ʃuit, & semblables, seroient qelqe peu excuzables, pour leur
naturelle atroganse, d'autant qe sete lettre étoit,
étranjére, & non de leur creu, asavoir du Grec
empruntée, aussi ne l'ont is poin reseue, en leur
leng'e, & n'en ont un mot; més les imitant en sela
uous sommes du tout sans excuze, car comme
aus Grez nous æt commune.

je n'écri poin mu-ʃe pour muze, caü-ʃe pour cauze, mai-ʃon pour maizõ, rai-ʃon pour raizõ, ré-ʃin
pour rézin, a ʃʃi-ʃes pour asizes, sai-ʃon pour sai-
zon, blâ-ʃon pour blazon, ro-ʃe pour roze, j'en
roujirois de juste honte.

Se faizant je m'estimerois, ne faillir pas moins,
q'écrivant zire, zeigneur, zidre, zanzon, mazon,
çanzon, zaizon, glazon.

Sete lettre, a la fin des mos, les rend de bas son,
& serré, & a la sé, les fet haus & pleins.

Exemple des abeʃʃez.

Aimez, armez, animez, apaizez.

Exemple des élevez.

Aprés, exprés, siprés, jamés, prosés, mauvés, pa-
lés, artæs, & prés, & autres.

Més pour remarqer mieus sesi, on met desus les
élevez l'axent qe nous nommons égu, comme
l'on voit isi desus.

Diftonges.

Premierent Æ.

Æ, me sert pour bien écrire, tez mos qe sont les
ensuivans, diadæme, supræme, mæme, mætre,
Prætre, reqæte, tæte, fæte, præte, & tous de la
sorte.

je l'estime tres-nésésére, & de toute autre son
q'ai, & ne trouve poin de raizon, pour dire q'elle
n'æt Fransoize.

Ai.

Ai æt reqize en tous mos, de tel son côme sont
seus si: bailler, gamailler, batailler, rallier, tailler,
&c. car par æ perdroient leur son.

Exemple,

T'æller, batæller.

Eî.

Eî convient mieus à seus si, pein mein, sein, de-
mein, in'umein, feint, feint, teint, creint, peint, &
semblables, car par ai sont alourdis.

Vain, gain, train, & tez au contrére seroient mal
cris pas ei, la prolassion en fet gois,

E'.

E', je ne s̨ anje auſſi en a, pour donner ſon plus
fort aùs mos, comme font pluzieurs en ſeus ſi-
rante, invante, tans, tante, ſante.

je les trouve trop mieus ainſi, ꭒems, ꭒente, ſen-
te, invente, ꭒente.

A peine pour l'autorité, des rimes, ji plaſerois a,
au lieu de ſet é. trop plus douſe.

Autres diſtong'es.

Au. eu. ou. ui.

Sont telles iſi q'en tout lieu.

&

& ӕ̂t auſſi lettre nouvelle, en ſet Alfabet nouveau fet: pour le moins tous̨ant ſa ſonanſe.

Car je ne fés jamés valoir ſes deus lettres join-
tes pour elle (é.t).

D'autant ge nous prononſons &. non et comme font les Latins.

Exemple.

jan & Pierre s'aiment fort, non jan et Pierre.

Axens.

Les axens i ſont obſervez, ou plus m'ont ſem-
blé obſervables, afin qon lize comme il faut.

L'egu i ӕ̂t pour diſting'er l'é maſculine, ou élevée de la feminine ou cadente.

Noᷤtre sirconfléxe à marqer, les diſtong' eſtant
ſeulement,

Le grave pour i diſting' er, les adverbes d'avec
les noms.

Des voïelles.

a, e, i, o, u,

je ne double aucune voïelle, aus mos ou elle æᷤt
redoublée, comme en ſeus ſi, aaje, feerie, preerie,
jïᷤt, & tous ſemblables,

Més les écri tout ſimplement, ainſi, jïᷤt , & àje,
prerie, metant deus petis poins deſus , ou bien
noᷤtre axent sirconflexe, afin qon les pronóſe lõs.

Aus mos dont jé retrenꝫé l'ſ. devant la t. comme nuizible, la t. porte marꝗe ſus elle, fort proꝫe
du Grec sirconflexe, ainſi qe le voiſi marꝗé. t̂.

Bref tout æᷤt iſi raporté, ſelon le ſon de ꝗaꝗe lettre, ſans q' une ſoit prize pour l'autre , ou ſuper-
flüment apoz

MODELE
EN FORME DE
DIXIONNERE.

A

A d'axent sirconfléxe æt marqé de la sorte
Qand sa silabe æt long'e ainsi comme jemés,
âje, teâtre, âprir, a simple axent ne porte
Parlà, leur diferense on peut voir à jamés.

Nouvelle ortografe,   *vieille ortogra p he.*

Nouvelle ortografe		vieille ortografe
âje,	non	aag'e,
abesser,	n.	ab ba is ser.
abatardir,	n.	aba stardir.
aboi,	n.	ab bay,
aboier,	n.	ab bay er.
abrejé,	n.	ab breg é.
abrever,	n.	ab bru u er.
abrevoir,	n.	ab bru u oir.
abolision,	n.	aboli tion.
absense,	n.	absc enc e.
absolusion,	n.	absolu tion.

C

Nouvelle ortografe,		Vieille ortographe.
absoute,	non	abso ulte.
abstinense,	n.	abstinenc e.
abuzer,	n.	abu ser.
abime,	n.	abil me.
acariatre,	n.	ac caria stre.
acabler,	n.	ac cabler.
acagnarder,	n.	ac cagnarder.
axépter,	n.	acc épter.
axés,	n.	acc es.
axession,	n.	acc ession.
axéseur,	n.	acc es seur.
axéder,	n.	ac ceder.
axident,	n.	acc ident.
axion,	n.	ac tion.
avec,	n.	a u ec.
aveqes,	n.	a u ecqu es.
acoizer,	n.	ac coi ser.
acoler,	n.	ac col ler.
acompagner,	n.	ac compagner.
acomparajer,	n.	ac comparag er.
acomplisement,	n.	ac complisse ment.
acord,	n.	ac cord.
acouςée,	n.	ac couc hee.
acoursir,	n.	ac courc ir.
acoûtrer,	n.	ac cou strer.
acoutumanse,	n.	ac cou stumanc e.
acroςer,	n.	ac croc her.
acroître,	n.	ac croi stre.
acreu,	n.	ac creu.
acroupir,	n.	ac croup pir.
acueillir,	n.	ac cueillir.
acuzassion.	n.	ac cu sa tion.

Nouvelle ortográfe		vieille ortographe
asertener,	non	acc ertener.
agarner,	n.	ac arner.
age,	n.	ac he.
ageter,	n.	ac hep ter.
agever,	n.	ac he u er.
asier,	n.	ac ier.
aqérir,	n.	ac qu erir.
aqis,	n.	ac qu is.
aqizision,	n.	ac qu i si tion.
aqit,	n.	ac qu it.
aqiéser,	n.	ac qu i es ser.
adréser,	n.	ad dres ser.
ajenser,	n.	ad i enc er.
adision,	n.	adi tion.
adousir,	n.	adouc ir.
ajoindre,	n.	ad i oindre.
ajoint,	n.	ad i oinct.
ajonxion,	n.	ad i onc tion.
ajourner,	n.	ad i ourner.
ajouter.	n.	ad i oux ter.
ajujer.	n.	ad i ug er.
ajudicassion,	n.	ad i udica tion.
administrassion,	n.	administra tion.
admirassion,	n.	admira tion.
admonæter,	n.	admones ter.
admonision,	n.	admoni tion.
adolésense,	n.	adolesc enc e.
avantaje,	n.	ad u antag e.
avertisement,	n.	ad u ertis semēt.
avenir,	n.	ad u enir,
avenement,	n.	ad u enement
avent,	n.	ad u ent.

C ij

Nouvelle ortografe		vieille ortografe
aventureus,	non	ad u entureux.
afamer,	n.	af famer.
aféter,	n.	af fecter.
aféxion,	n.	af fec tion.
afiger,	n.	af fic her.
afoler,	n.	af fol ler.
afin,	n.	af fin.
afirmassion,	n.	af firma tion.
afineur,	n.	af fineur.
afirmer,	n.	af firmer.
aflijer,	n.	af flig er.
aflixion,	n.	af flic tion,
afluense,	n.	af fluenc e.
afoiblir,	n.	af foiblir,
afreus,	n.	af freux,
afriander,	n.	af friander.
afronteur,	n.	af fronteur.
afoiblir,	n.	af foiblir.
agaser,	n.	agac er.
agate,	n.	agat he.
ajenser,	n.	at i anc er.
ajenouiller,	n.	ag i enouiller.
agrélir,	n.	agref lir.
agrér,	n.	agré er.
agravanter,	n.	agra u anter.
ajitassion,	n.	ag ita tion.
agrafe,	n.	agra p he.
agerrir,	n.	agu errir.
ajement,	n.	aag ement.
ainsois,	n.	ainc ois.
aizé,	n.	ai fé.
alfabet,	n.	al p habet.

Nouvelle ortografe		Vieille ortografe
alegrese,	non	alla igref fe.
alebatre,	n.	alleba ftre.
alæne,	n.	alef ne.
aliénaffion,	n.	alliena tion.
alianse,	n.	al lianc e.
aléter,	n.	allaic ter.
aléjer,	n.	alleg er.
alumer,	n.	al lumer.
alonjer,	n.	al long er.
aloze.	n.	alo fe.
aloi.	n.	al loy.
aloizir,	n.	aloy fir.
altéraffion,	n.	altera tion.
ambifion,	n.	ambi tion.
amenuizer,	n.	amenui fer.
amænajer,	n.	amef nag er.
amitié,	n.	amy tiér
amoliz,	n.	ampl lir.
amonseler.	n.	amonc eller.
amorse,	n.	amorc e.
amoureus,	n.	amoureux.
amuzer,	n.	amu fer.
anfien,	n.	an tien.
ânet,	n.	af net.
anje,	n.	ang e.
anjéliqe,	n.	ang eliqu e.
angilh'e,	n.	angu ille.
anonsiaffion,	n.	annonc i a tion.
anonsaloir,	n.	anonc haloir.
antisipaffion,	n.	antic i pa tion.
antiqité,	n.	antiqu ité.
antiqailles,	n.	antiqu ailles.

C iij

Nouvelle ortografe,		uieille ortographe.
antrac,	non	antrac t.
auꞓ, & ouꞓ,	n.	ao uſt.
afroidilie,	n.	a p h rodilie.
apointer,	n.	ap poinc ter.
apotre,	n.	apo ſtre.
apoſtarizer,	n.	apo ſtau ſer.
apotiqére,	n.	aporica ire.
apæzer,	n.	apa iſer.
apersevoir,	n.	ap perc e u oir.
apareiller,	n.	ap pareiller.
aparenté,	n.	ap parenté.
apérier,	n.	ap périer.
aparitoire,	n.	ap paritoire.
aparoiſſanse,	n.	ap paroiſſanc e.
aparense,	n.	ap parenc e.
aparéſir,	n.	ap pareſ ſir.
aparuſion,	n.	ap paru tion.
aparrenanse,	n.	ap partenanc e.
apaꞓ,	n.	ap paſt.
apelaſſion,	n.	ap pella tion.
apentis,	n.	ap pentis.
apersevoir,	n.	ap perc e u oir.
apert,	n.	ap pert.
apezanter,	n.	ap pe ſantir.
apétit,	n.	ap petit.
aplanir,	n.	ap plaſ nir.
apliqer,	n.	ap pliqu er.
aporter,	n.	ap porter.
apozer,	n.	ap po ſer.
apovrir,	n.	ap pau u rir.
aprésiaſſion,	n.	ap prec i a tion.
apréhenſion,	n.	ap prehen tion.

Nouvelle ortografe		uieille ortografe
apris & aprins,	non	ap prins ap pris.
aprentisaje,	n.	ap prentis sag e.
apræter,	n.	ap pres ter,
aprivoizer,	n.	ap pri u oi ser.
aprobassion.	n.	ap proba tion.
aproger,	n.	ap proc her.
aprouver,	n.	ap prou u er.
apuier,	n.	ap puyer.
aprés,	n.	ap pres.
avrilh,	n.	apu ril.
arbalæte,	n.	arbales tre.
arboizier,	n.	arboi sier.
arbriseau,	n.	arbris seau.
arseau,	n.	arc eau.
arger,	n.	arc her.
arger,	n.	arc het.
argitecte,	n.	arc hitecte.
arjent,	n.	arg ent.
arjile,	n.	arg ille.
arirmétiqe,	n.	arit h metiqu e.
armére,	n.	arma ire.
armoize,	n.	armoi se.
arqebuze,	n.	arqu ebu se.
arrager,	n.	arrac her,
arrenjer,	n.	arrang er.
arræt,	n.	arres t.
arrierajes.	n.	arrierag es,
arroger,	n.	arroc her.
arroganse.	n.	arroganc e.
arrondisement,	n.	arroudis sement,
arrouzer,	n.	arrou ser.
artifise,	n.	arttific e.

artizeau,	non	artic heau.
artilh'erie,	n.	artil lerie.
âne,	n.	af ne.
aſperjes,	n.	aſperg es.
âpre,	n.	aſ pre.
aſaut,	n.	aſ ſa ult.
aſaizonner,	n.	aſſai ſonner.
aſembler,	n.	aſ ſembler.
aſoir,	n.	aſ ſoir.
aſizes,	n.	aſ ſi ſes.
aſermenter,	n.	aſ ſermenter.
aſiete,	n.	aſ ſiette.
aſeuranſe,	n.	aſ ſeuranc e.
aſiejer,	n.	aſ ſieg er.
aſinaſſion,	n.	aſ ſigna rion.
aſiſtenſe,	n.	aſ ſiſtenc e.
aſoſiaſſion,	n.	aſ ſoc i a tion.
aſommer,	n.	aſ ſommer.
aſopiſement,	n.	aſ ſop piſ ſement.
aſujétir,	n.	aſ ſub i ec tir.
aſouvir,	n.	aſ ſou u ir.
aſtuſes,	n.	aſtuc es.
azur,	n.	a ſur.
aténes,	n.	ar henes.
ateindre,	n.	ar tain dre.
ateint,	n.	ar ta inct.
atelier,	n.	aſ tel lier.
atendrir,	n.	at tendrir.
atenter,	n.	at tenter.
atentivement,	n.	at tentif u ement.
aténuaſſion,	n.	at ténua tion.
atéſtaſſion,	n.	at teſta tion.

atiedir,	non	at tiedir.
atifer	n.	at tif fer.
atinter,	n.	at rinc tet.
atirer,	n.	at tirer.
atizer,	n.	at ti fer.
atouger,	n.	atouc her.
atourner,	n.	at tourner.
atrére,	n.	at tra ire,
atret,	n.	at tra ict,
arréter,	n.	at tra ic tet.
atraper,	n.	at trap per.
atrempé,	n.	at trempé.
atribufion,	n.	ac tribu tion.
aveindre,	n.	a u aindre.
aveint,	n.	a u a inct.
avaler,	n.	a u al ler,
avanser,	n.	a u anc er,
avant,	n.	a u ant,
avantier,	n.	a u ant hier.
avantaje,	n.	a u antag e.
avancoureur,	n.	a u ant coureur.
avarisieus,	n.	a u aric i eux.
aubépine,	n.	aubef pine.
aucunefois,	n.	aucunes fois.
audasieus,	n.	audac i eux.
audiensier,	n.	audienc i er,
aveint,	n.	a u ainct.
aveindre,	n.	a u aindre.
aveline,	n.	a u eline.
avenant,	n.	a u enant.
avéneron,	n.	a u eneron.
avérer,	n.	au e rer.

Nouvelle ortografe,		vieille ortografe.
averrin,	non	a u ertin.
auæprir,	n.	a u es prir.
aveugle,	n.	a u eugle.
augmentaſſion,	n.	augmenta tion.
aujet,	n.	aug et.
auje,	n.	aug e.
anjelot,	n.	ang elot.
aujourdui,	n.	au i ourd huy.
aviner,	n.	a u iner.
aviron,	n.	a u iron.
avis,	n.	ad u is.
avizer,	n.	ad u iſer.
aune,	n.	aul ne.
aunaje,	n.	aul nag e.
ail,	n.	aul.
aumône,	n.	au moſ ne.
avolé,	n.	a u ol lé.
avoine,	n.	a u oine.
avoir	n.	a u oir.
avorter,	n.	a u orter.
avouer,	n.	ad u ouer.
aveu,	n.	ad u eu.
auqel,	n.	auqu el.
autruge,	n.	autruc he.
autentiqe,	n.	antentic qu e.
auteur,	n.	aut heur.
autorité,	n.	aut horité.
autorizer,	n.	aut hori ſer.
autrui,	n.	aul truy.
auvent,	n.	au u ent.
aiant,	n.	ay ant.
aieus,	n.	ay eul x.

38

Bé,

Bé qi vaut la béta des Grez, & beth ébrieuze,
je ne poze en tez mos qe sont les ensuivans,
Devoir, féve, février, car superstisieuze,
I seroit comme à sævre, livrere & ovians.

Nouvelle ortografe,		uieille ortograp he.
babilh'er,	non	babil ler.
babilh'eur,	n.	babil leur.
başelier.	n.	bac helier.
basile,	n.	bac ille,
badaut,	n.	bada ult,
bagaje,	n.	bagag e.
bag e,	n.	bagu e.
bag ette,	n.	bagu ette.
bag enaudier,	n.	bagu enaudier.
bailliaje,	n.	bailliag e.
bailli,	n.	baillif.
bézer,	n.	bai ser.
balense,	n.	bal lenc e.
baléne,	n.	bal la i ne.
banqe,	n.	banqu e.
banqier,	n.	banqu i er.
banqart,	n.	banqu art.
banqeroutier,	n.	banqu eroutier.

banqer,	non	banqu er.
bariqe,	n.	bariqu e.
barqe,	n.	barqu e.
barg'ette,	n.	bargu ette.
bale,	n.	bal le.
balé,	n.	bal lay.
bateleur,	n.	ba ſtel leur.
batiment.	n.	ba ſtiment.
baſtilh'e,	n.	ba ſtil le.
baton,	n.	ba ſton.
baveur,	n.	ba u eur.
baufrer,	n.	bauf frer.
baume,	n.	baul me.
bé,	n.	ba y.
beîard,	n.	bay ard.
bécard,	n.	bec card.
bécale,	n.	bec caſ ſe.
bédoîé,	n.	bec doy er.
béfig'e,	n.	bec figu e.
béfroî,	n.	bef froy.
bég'e,	n.	begu e.
bég'eîer,	n.	bega yer.
belitre,	n.	beli ſtre.
béliqeus,	n.	bel liqu eu x
bénévolense,	n.	bene u ollenc e.
bénin,	n.	beg nin.
béniſ,	n.	beni ſt.
bénédixion,	n.	benedic tion.
berseau,	n.	berc eau.
bézase,	n.	be ſac e.
berjer,	n.	berg er.
bzeʒe,	n.	beſc he.

Nouvelle ortografe		Vieille ortografe
bézoin,	non	be soin.
bezoigner,	n.	be soigner.
bæte,	n.	bel te.
bétoine,	n.	be stoine.
beuf,	n.	bo euf.
beus,	n.	bo eux.
brevaje,	n.	bru u ag e.
biӡe,	n.	bic he.
bizaieul,	n.	bi sayeul.
bize,	n.	bi se.
bizarre,	n.	bi sarre.
blafart.	n.	blaf fart.
bléreau,	n.	bla ireau.
blanӡatre,	n.	blanc hastre.
blanӡisaje,	n.	blanc hi sag e.
blandisement,	n.	blandis sement.
blâme,	n.	blas me.
blâzon,	n.	bla son.
blasfemer,	n.	bla p hemer.
blavéoles,	n.	bla u colles.
blé,	n.	bled,
blæme,	n.	bles me.
bléser,	n.	blec er.
bocaje,	n.	bocag e.
boqet,	n.	boqu et.
baveur,	n.	ba u eur.
boiseau,	n.	bois seau.
boite,	n.	bois te.
boiteus,	n.	bois teux.
bombazin,	n.	bomba sin.
bordelaje,	n.	bordelag e.
bouqin,	n.	bouqu in.

C iiij

Nouvelle ortografe.		ueille artogra p he.
bouge,	non	bouc he.
bouger,	n.	bouc her.
bougerie,	n.	bouc herie.
boujette,	n.	boug ette.
bouvier,	n.	bou u ier.
boulenjer,	n.	boulleng ier.
boulevert,	n.	boulle u ert.
bourjois,	n.	bourg eois.
bourjoizie,	n.	bourg eoi sie.
bourjon,	n.	bourg eon.
bourrage,	n.	bourrac he.
boutiqe,	n.	boutiqu e.
boîau,	n.	boy au.
braselet,	n.	brac elet.
braqer,	n.	braqu er.
brére,	n.	bra ire.
bræge,	n.	bresc he.
bréze,	n.	brai se.
bréneus,	n.	bran neux.
bréneuze,	n.	branneu se.
brange,	n.	branc he.
brangaje,	n.	branc hag e.
branqart,	n.	brancqu art.
branle,	n.	bransf le.
braser,	n.	braf ser.
braver,	n.	bra u er.
bréies,	n.	bra i es.
brezi,	n.	bre fil.
brévet,	n.	bre u et.
bréviere,	n.	bre u i aire.
brévément,	n.	bref u ement.
brige,	n.	brigu e.

Nouvelle ortografe		vieille ortographe
briqe,	non	briqu e.
brizer,	n.	bri ſer.
broꞔe,	n.	broc he.
bronꞔer,	n.	bronc her.
brodeqin,	n.	brodequ in,
brouilas,	n.	brouil lars.
brouillaser,	n.	brouillac er
broier,	n.	bro y er.
bruler,	n.	bruſ ler.
brusqe,	n.	brusqu e,
buꞔer,	n.	buſc her.
buſer,	n.	buf fet.
buſle,	n.	buf fle.
bugloze,	n.	buglo ſe,
buzard,	n.	bui ſard.
büqer,	n.	buſqu er.

ꞔé

ꞔé, nouvelle inventée æt propre & néséſére
Pour fére ꞔer, ꞔoizir, ꞔarité, ꞔiꞔe, ꞔois,
Car c.h. a un ſon totalement contrére
Preuve ec ho, ch eur, & chorde, écholier, écholois

Nouvelle ortografe,		vieille ortographe.
ꞔable,	non	ch able.
ꞔaſieus,	n.	ch aſ ſieux.
ꞔagrin,	n.	ch agrin.
ꞔæne,	n.	ch aine.

Nouvelle ortografe,		Uieille ortografe.
çarmer,	non	ch armer.
çarme,	n.	ch arme.
çaroigne,	n.	ch aroigne.
çaire & çaize,	n.	ch aire.
çaleureus,	n.	ch aleureux.
çaloir,	n.	ch al loir
çamaillis,	n.	ch amaillis.
çamarre,	n.	ch amarre.
çambellam,	n.	ch ambellam.
çambre,	n.	ch ambre.
çameau,	n.	ch ameau.
çaméléon,	n.	ch ameleon.
çamp,	n.	ch amp,
çamparr,	n.	ch ampart.
çampeftre,	n.	ch ampeftre.
çampignon,	n.	ch ampignon.
çampion,	n.	ch ampion.
çanseler,	n.	ch anc eller.
çanselier,	n.	ch anc ellier.
çancre,	n.	ch ancre.
çancreus,	n.	ch ancreux.
çandéle,	n.	ch andelle.
çandelier,	n.	ch andellier.
çanjer	n.	ch ang er.
çanjeur,	n.	ch ang eur.
çanter,	n.	ch anter.
çant,	n.	ch ant.
çanfon,	n.	ch anfon.
çantepleure,	n.	ch antepleure.
çanvre,	n.	ch an u re.
çaneviere,	n.	ch ane u iere.
çanevote,	n.	ch ane u orte.

çapeau,

ςapeau,	non	ch ap peau.
ςapelle,	n.	ch apelle.
ςapon,	n.	ch ap pon.
ςaperon,	n.	ch ap peron.
ςapiteau,	n.	ch ap piteau.
ςapitre,	n.	ch ap pitre,
ςarbon,	n.	ch arbon.
ςardon,	n.	ch ardon.
ςarje	n.	ch arg e.
ςaritable,	n.	ch aritable.
ςarpentier,	n.	ch arpentier,
ςarpie,	n.	ch arpie.
ςarette,	n.	ch arrette.
ςerté,	n.	ch erté.
ςervis,	n.	ch er u is.
ςaqun,	n.	ch aqu' vn.
ςalit,	n.	ch allit.
ςafe,	n.	ch af fe.
ςazuble,	n.	ch af fuble,
ςafteté,	n.	ch afteté,
ςafteaus,	n.	ch afteaux,
ςaftier,	n.	ch aftier.
ςaftreur,	n.	ch aftreur,
ςat,	n.	ch at.
ςahuant,	n.	ch athuant.
ςatepeleuze,	n.	ch atepeleufe.
ςatemite,	n.	ch atemitte.
ςatouiller,	n.	ch atouiller.
ςaudeau,	n.	ch auldeau.
ςaudron,	n.	ch aul dron.
ςaufer,	n.	ch auf fer.
ςaufepié,	n.	ch auf fepied.

D

Nouvelle ortografe,		Vieille ortographe,
ꝑaulepié,	non.	ch aullepied.
ꝑaume,	n.	ch aul me,
ꝑaudiere.	n.	ch aul diere.
ꝑaus,	n.	ch aulx.
ꝑauleure,	n.	ch aul leure.
ꝑanue,	n.	ch aul u e.
ꝑef,	n.	ch ef.
ꝑelidoine,	n.	ch elidoine.
ꝑemin,	n.	ch emin.
ꝑéminée,	n.	sh eminee.
ꝑominaje,	n.	ch ommag e,
ꝑemize,	n.	ch emi se.
ꝑénetier,	n.	ch enetier.
ꝑénevi.	n.	ch ene u i.
ꝑénilh'e,	n.	ch enil le.
ꝑénu,	n.	ch enud.
ꝑeu,	n.	ch eu.
ꝑer,	n.	ch er.
ꝑére,	n.	ch ere,
ꝑien,	n.	ch ien,
ꝑerꝑer,	n.	ch er ch er.
ꝑérir,	n.	ch erir.
ꝑervotin,	n.	ch er u otin.
ꝑæne,	n.	ch el ne.
ꝑtif,	n.	ch etif.
ꝑeval,	n.	ch e u al.
ꝑevanse,	n.	ch e u ance.
ꝑeveu,	n.	ch e u eu.
ꝑevæꝑe,	n.	ch e u' esc he.
ꝑevætre,	n.	ch e u estre.
ꝑevilh'e,	n.	ch e u il le.
ꝑevir,	n.	ch e u ir.

Nouvelle ortografe		uieille ortografe
ʃ̧évre,	non	ch e u re.
ʃ̧evron.	n.	ch e u ron.
ʃ̧ez,	n.	ch ez.
ʃ̧iʒe,	n.	ch ic he.
ʃ̧irurjien,	n.	ch irurg ien.
ʃ̧oqer,	n.	ch oqu er.
ʃ̧oizir.	n.	ch oi ſir.
ʃ̧oper,	n.	ch op per.
ʃ̧opine,	n.	ch op pine.
ʃ̧ope,	n.	ch ap pe.
ʃ̧oze,	n.	ch o ſe.

Dé,

Dé jamés ne ſe doit prononſer ni écrire
En ſes mos, Avocat, ajonrner, ni avis,
Avouer, avenu: car leur ſon il empire,
Més admettre, admirable, avec lui bien écris.

Nouvelle ortografe,		uieille ortografe.
dag'e,	non	dagu e.
dag'et,	n.	dagn et.
dagilh'on.	n.	dagu il lon,
dommaje,	n.	dommag e.
damoizelle.	n.	damoi ſelle.
danjereus,	n.	dang eureux.
danſer,	n.	danc er.
davantaje,	n.	da u antag e.
daufin,	n.	dau p hin,

Nouvelle ortografe.		Vieille ortografe.
dé & dez.	non	det, ni des.
debilitaſſion.	n.	debilita tion.
debonnére,	n.	debon na ire.
débrizer,	n.	debri ſer.
devoir,	n.	de u oir.
dette,	n.	deb te.
desa,	n.	dec a.
décadense,	n.	decadenc e.
déséder,	n.	dec eder,
déseler,	n.	dec eller,
désente,	n.	dec ente.
désevoir,	n.	dec e u oir.
déseplion,	n.	dec ep tion.
déſaſer.	n.	deſc haſ ſer.
déſiqetet.	n.	deſc hiqu etet.
déſirer,	n.	deſc hirer.
déſoir,	n.	deſc hoir,
désizion.	n.	deſc i ſion.
désimes,	n.	dec imes,
décoxion,	n.	decoc tion.
décoraſſion,	n.	deſcora tion.
décroître,	n.	deſcroi ſtre.
dédicaſſion,	n.	dedica tion.
déduxion,	n.	deduc tion,
déſaillanse,	n.	def faillanc e
défectueus,	n.	def fectueux,
défectuozité,	n.	def fectuo ſité.
déferer,	non	def ferer.
defavorise,	n.	def fa u o riſé
défi,	n.	deffi.
défloraſſion,	n.	defflora tion.
défortuné,	n.	def fortuné.

Nouvelle ortografe		vieille ortografe
défuler,	non	def fuller.
définision,	n.	deffini tion.
défreier,	n.	deffra y er.
defaut,	n.	def fa ult.
dégaȶ.	n.	dega ſt.
déjeler,	n.	deg eller.
dégoizer,	n.	degoi ſer.
dehaȣer,	n.	dehac hier.
déhété,	n.	deha ité,
dejeter,	n.	deg eter,
deleſſanse.	n.	dela iſ ſanc e.
delé,	n.	dela y.
déléctaſſion,	n.	délecta tion.
délég'er,	n.	delegu er.
déliberaſſion,	n.	delibera tion.
délisieus,	n.	delic ieux.
délit,	n.	delic t.
délinqant,	n.	delinqu ant.
delivranse,	n.	deli u ranc e.
déloizible,	n.	deloi ſible,
deluje,	n.	delug e.
demein,	n.	dema in.
domeine,	n.	doma ine,
demanjer,	n.	demang er.
démeller,	n.	demeſ ler.
demeuranse,	n.	demeuranc e.
démolision,	n.	demoli tion.
démoniaqe,	n.	demoniaqu e.
démonſtraſſion,	n.	demonſtra tion.
dénier,	n.	def nier.
dénonsiaſſion,	n.	denonc i a tion.
dépozer,	n.	depo ſer.

D iij

Nouvelle ortografe.		Vieille ortografe.
dépôt,	non	deſ poſt.
dépozision,	n.	depo ſi tion.
dépravassion,	n.	deſ pra u a tion
dépuseler,	n.	depuc eller,
depuis,	n.	du dempuis,
deqoi.	n.	dequ oi.
derecef,	n.	derec hef,
derrizion,	n.	deſ ri ſion.
derrivassion,	n.	deſ ri u a tion.
derrog'er,	n.	deſ rogu er,
derroganse,	n.	deſ rogu anc e.
dezacoupler,	n.	deſ ſa coupler.
dezacoutumer.	n.	de ſacou ſtumer.
dezajenouiller,	n.	de ſag enoiller.
dezagreable,	n.	de ſagreable.
dezaltérer,	n.	de ſalterer.
dezaizé,	n.	de ſai ſé,
dezancrer,	n.	de ſancrer.
dezapointer,	n.	de ſapoinc ter.
dezaprendre,	n.	de ſaptendre.
dezaprésent,	n.	de ſapre ſent.
dezarsonner,	n.	deſ arc onner.
dezarmer,	n.	deſ armer.
dezarroi,	n.	deſ arroy.
dezasembler,	n.	deſ aſ ſembler.
dezaseurer.	n.	deſ aſ ſeurer.
dezasiejer,	n.	deſ aſ ſieg er.
dezastre,	n.	de ſaſtre.
dezavanser,	n.	de ſa u anc er.
dezavantaje,	n.	de ſa u antag e.
dezaventure,	n.	de ſa u anture.
dezaveu,	n.	de ſad u œu.

Nouvelle ortografe		uieille ortographe
débaleur,	non	deſ balleur,
débender,	n.	deſ bender.
débarbouiller,	n.	deſ barbouiller.
débarder.	n.	deſ barder.
débarqer,	n.	deſ barqu er.
débarrer,	n.	deſ barrer.
débaſer,	n.	deſ ba ſter.
débauçe,	n.	deſ bauc he.
déhété,	n.	deſ ha ité.
déboité,	n.	deſ boité,
débonder,	n.	deſ bonder,
déborder,	n.	deſ border,
débouçer,	n.	deſ bouc her.
décaçeter,	n.	deſ cac heter,
decouper,	n.	deſ coup per.
décapiter,	n.	deſ capiter.
déseindre,	n.	deſc aindre.
déséler,	n.	deſc eller.
désendre,	n.	deſc endre.
déſeller,	n.	deſc eller,
déſengler,	n.	deſc engler.
déſente,	n.	deſc ente,
desa,	n.	dec a.
déçanter,	n.	deſc hanter.
déçarjer,	n.	deſc harg er.
déçarmer,	n.	deſc harmer.
déçauſer	n.	deſc hauſ ſer.
déçevelée,	n.	deſc he u elee.
décoler,	n.	deſ coller.
déconforter.	n.	deſ conforter,
déconſeiller,	n.	deſ conſeiller,
déconvenue,	n.	deſ con u enue.

Nouvelle ortografe,		vieille ortographe.
découdre,	non	deſ couldre.
décourajer,	n.	deſ courag er.
découvert,	n.	deſ cou u ert.
décrier,	n.	deſ crier.
deſcripſion,	n.	deſ crip tion.
décrivant,	n.	deſ cri puant.
décroʒer,	n.	deſ croc her.
décroiſtre,	n.	deſ croiſ tre.
décroter.	n.	deſ crotter.
dég'izér,	n.	deſ gui ſer.
dédein,	n.	deſ da ing.
dédier,	n.	deſ dier.
dédicaſſion,	n.	deſ dica tion.
dédire,	n.	deſ dire.
dédommajer,	n.	deſ dommag er.
dédormir,	n.	deſ dormir.
dédorer,	n.	deſ doter.
déduizant,	n.	deſ dui ſant.
dezembarqer,	n.	deſ embarqu er.
dezemparer,	n.	deſ emparer.
dezempenner,	n.	deſ empanner.
dezempæſter.	n.	deſ empeſtrer.
dezemplir,	n.	deſ emplir.
dezenʒanter,	n.	deſ enc hanter.
dezendormir,	n.	deſ endormir.
dezenfler,	n.	deſ enfler.
dezenfrongner,	n.	deſ enfrongner.
dezenorter,	n.	deſ en horter.
dezenivrer,	n.	deſ en y u rer.
dezenrouler,	n.	deſ enrouller.
dezenſévelir,	n.	deſ en ſepu elir.
dezenforſeler,	n.	deſ enforc eler.

Nouvelle ortografe		uieille ortograp he
dezennuier,	non	de sennuyer.
dezert,	n.	de sert.
désert,	n.	desert,
dezespoir,	n.	des espoir.
dezesperanse,	n.	des esperanc e,
dezestimer,	n.	des estimer.
déférer.	n.	des ferer.
défaser,	n.	des fasc her.
défaveur,	n.	des fa u eur.
défermer,	n.	des fermer.
déferrer,	n.	des ferrer.
défianser,	n.	des fianc er.
défigurer,	n.	des figurer.
défiler,	n.	des filler.
déflcurer,	n.	des fleurer.
défonser,	n.	des fonc er.
défouir,	n.	des fouyr,
défreier,	n.	des frayer.
défruser,	n.	des fric her.
défuler,	n.	des fuller.
dégajer,	n.	des gag er.
dégainer.	n.	des gainer.
dégorjer.	n.	des gorg er.
dégluer,	n.	des gluer.
dégouter,	h.	des gou ster.
dégourdir,	n.	des gourdir.
dégourmer,	n.	des gourmer.
dégrader,	n.	des grader.
dégrafer,	n.	des graffer.
dég'izer.	n.	des gu i ser.
dezabilh'er,	n.	des habil ler.
dézériter,	n.	des he riter.

Nouvelle ortografe,		vieille ortografe.
dézonneur,	no	deſ hon neur.
dézonnǽte.	n.	deſ hon neſ te.
dezonnorable,	n.	deſ hon norable
déharnaǵé,	n.	deſ harnac hé,
déhonté,	n.	deſ honté,
déhouzé,	n.	deſ hou ſé.
déja,	n.	deſ i a.
dédificaſſion.	n.	deſ diffica tion.
déjuner,	n.	deſ i uner,
déziné,	n.	deſ iné,
déjoint.	n.	deſ i oinct.
dezirer,	n.	de ſirer,
dézifter.	n.	de ſifter.
délabrer,	n.	deſ labrer,
délaser,	n.	deſ lac er.
delàſer,	n.	de laſ ſer.
délojer,	n.	deſ log er.
déloial,	n.	deſ loyal.
démailler,	n.	deſ mailler.
démailloter,	n.	deſ maillotter.
desmeintenant,	n.	deſ ma intenát.
démaneǵer,	n.	deſ manc her.
démarǵer,	n.	deſ marc her.
démarer,	n.	deſ marer,
démaſqer,	n.	deſ maſqu et.
démembrer,	n.	deſ membter.
démentir,	n.	deſ mentir.
démeller,	n.	deſ meſ ler.
démézurér,	n.	deſ me ſurer.
demis,	n.	deſ mis.
démeubler,	n.	deſ meubler.
démoeller,	n.	deſ moueller.

Nouvelle ortografe		Vieille ortografe
démonter,	non	deſ mon ſtrer.
démouvoir,	n.	deſ mou u oir.
démunir,	n.	deſ munir.
démeuter,	n.	deſ meurer.
dénaturé,	n.	deſ naturé.
dénicer,	n.	deſ nic her.
dénigrer,	n.	deſ nigrer.
dénouer,	n.	deſ nouer.
dézobeïsanse,	n.	deſ obaiſ ſanc e.
dézolaſſion,	n.	de ſol ation.
dezordre,	n.	de ſordre.
dezormés,	n.	de ſorma is,
dezourdir,	n.	de ſourdir,
dépéſer,	n.	de ſpec er,
dépendre,	n.	de ſpendre,
dépens,	n.	deſ pens.
dépenſe,	n.	deſ penſe,
dépeint,	n.	deſ pa inct,
dépæçe,	n.	deſ peſc he.
dezépeſſir.	n.	deſ epa iſſir,
dépætrer,	n.	deſ peſ trer.
dépeupler,	n.	deſ peuppler.
débiter,	n.	deſ biter,
dépiteus,	n.	deſ pite ux,
déplaſer.	n.	deſ plac er,-
déplézir,	n.	deſ pla i ſir.
déplanter.	n.	deſ planter,
déplier,	n.	deſ plier,
déplumer,	n.	deſ plumer,
déposéder,	n.	deſ poſ ſeder,
dépouiller,	n.	deſ pouiller,
dépourveu,	n.	deſ pour u eu,

Nouvelle ortografe,		u-ieille ortograp he.
déprauaſſion,	non	deſ pra u ation,
déprier,	n.	deſ prier,
déprizable,	n.	deſ pri ſable,
déprizonner,	n.	deſ pri ſonner,
derraſiner,	n.	deſ rac iner.
derrenjer,	n,	deſ reng er.
derrégler,	n.	deſ reigler.
derriver,	n.	deſ ri u er.
derrider,	n.	deſ rider.
derrober,	n.	deſ rob ber.
derroʒer,	n.	deſ roc her.
derrompre,	n.	deſ rompre.
derrondir,	n.	deſ rondir.
derroujir,	n.	deſ roug ir.
derrouiller,	n.	deſ rouiller.
derrouter,	n.	deſ routter.
dezarroi,	n.	deſ arroy.
derruner,	n.	deſ runer,
déſézir,	n.	deſ ſai ſir.
déſein,	n.	deſ ſa in.
deſus,	n.	deſ ſus.
deſous,	n.	deſ ſoubs.
déſouder,	n.	deſ ſoulder.
détaʒer,	n.	deſ tac her.
dételer,	n.	deſ teller,
détendre,	n.	deſ tendre.
détitrer,	n.	deſ til trer.
déſtituſion,	n.	deſ titu tion.
détorſe,	n.	deſ torc e.
détouper,	n.	deſ toup per.
déteindre,	n.	deſ ta indre.
détrenʒer,	n.	deſ trenc her.

Nouvelle ortografe		Vieille ortografe
détraqer,	non	deſ tracqu er.
détremper,	n.	deſ tremper.
détréſe,	n.	deſ treſ ſe.
détroit,	n.	deſ troic t.
dætrier,	n.	deſ trier.
deſtruire,	n.	deſ truire,
detrouſer.	n.	deſ trouſ ſer.
deſtruxion,	n.	deſ truc tion.
dcveloper.	n.	deſ u eloper.
dévatir,	n.	deſ u eſ tir.
dévier,	n.	deſ u i er.
dévoiment,	n.	deſ u oiment.
déterminanse,	n.	deſ terminanc e.
déteſtaſſion,	n.	deſ te ſtá tion.
détrenger,	n.	deſ trenc her.
devaler,	n.	de u aller.
devanser,	n.	de u anc er.
dcvantier,	n.	de u ant hier.
devenir,	n.	de u enir.
devers,	n.	de u ers.
dévider,	n.	de u u ider.
devin,	n.	de u in.
dévizajer.	n.	de u i ſag er.
devizer,	n.	de u i ſer.
devoir,	n.	de buoir.
dévolu,	n.	de u olu.
dévorer,	n.	de u orer.
devoſſion,	n.	de u o tion.
deus,	n.	de ux.
diaboliqe,	n.	diaboliqu e.
dialectiqe,	n.	dialectiqu e.
dialoge,	n.	dialogu e.

Nouvelle ortografe,		uieille ortogra p he.
dis,	non	dix,
diforme,	n.	dif forme.
difamatoire,	n.	dif famatoire,
diférer,	n.	dif ferer,
diférent,	n.	dif ferent,
diférense,	n.	dif ferenc e.
difisile,	n.	dif fic ille.
dijeſtion,	n.	dig e ſtion.
diſgréſion,	n.	diſ greſ ſion.
diosæze,	n.	dioc eſe.
dit,	n.	dic t.
dité,	n.	dic té.
dixion,	n.	dic tion.
dirijer,	n.	ding er.
diserner,	n.	dic erner.
diſcréſion,	n.	diſcre tion.
disiple,	n.	diſc i plé,
diſconvenanse,	n.	diſcon u enanc e
dizenier,	n.	dix enier.
dizert,	n.	di ſert.
dizette,	n.	di ſette,
dixion,	n.	dic tion.
dijonxion,	n.	diſ i onc tion.
dixionnére,	n.	dic ti onna ire.
dimes,	n.	diſ mes.
diſparuſion,	n.	diſ paru tion.
diſpenſaſſion,	n.	diſ penſa tion.
diſpoziſion,	n.	diſ po ſi tion.
diſpos,	n.	diſ poſt.
diſipaſſion,	n.	di ſi pa ti on.
diſputaſſion,	n.	diſ pu ra tion.
diſoluſion,	n.	di ſo lu ti on.

diſtilaſſion,	non	diſ tilla tion.
diſtinxion,	n.	diſ tinc tion.
diſtribuſion,	n.	diſ tribu tion,
divertir,	n.	di u ertir,
divin,	n.	di u in,
divizion,	n.	di u i ſion,
divorse,	n.	di u orc e.
divulg'er,	n.	di u ulgu er,
dosile,	n.	doc ille,
doi,	n.	doigt.
dog'e,	n.	dogu e.
deut,	n.	de ult,
domeſtiqe,	n.	dome ſtiqu e.
domisile,	n.	domic ille.
dommaje,	n.	dommag e.
domeine,	n.	domma i ne,
dômter,	n.	dom pter,
donnézon,	n.	donna i ſon,
donjon,	n.	dong e on.
dorenavent,	n.	dor eſ na u ant.
doute,	n.	doub te,
douseur,	n.	douc eur.
douve.	n.	dou u e.
doîen,	n.	doy en,
drajée,	n.	drag ee,
drapier,	n.	drap pier.
dréſer,	n.	dreſ ſer,
drog'e,	n.	drogu e,
droit,	n.	droic t.
duqel,	n.	duqu el.
duizant	n.	dui ſant.
dupliqe,	n.	dupliqu e.

E ,porte deſus elle un axent de la ſorte
Qe le voiſi marqé, long élévé il æt,
& qand marqe elle n'a, elle æt cadente & morte
donne & dõnet' en ſoient pour éxémplére prẽt.
  Simple par ſois pour deũs ſonne, en remarqe
    telle
Deũs poins je més deſus cõme des Fráſois miens,
Tous ſes mos enſuivans t'en ſeront pour modéle
Ferie, crẽe, récter, prẽrie, & témoins.

Nouvelle ortografe,		vieille ortogra phe.
ébouser,	non	eſ bouc het.
écailler,	n.	eſ cailler.
écẽveau,	n.	eſc he ũ eau.
éclipſe,	n.	eſ clipſe,
édit,	n.	eſ dict.
édifise,	n.	eſ dific e.
éfaser,	n.	eſ fac er.
éfer,	n.	eſ fa ict.
éféminé,	n.	eſ feminé.
éfijie,	n.	eſ fig ie.
éfleurer.	n.	eſ fleurer,
éfondrer,	n.	eſ fondrer.
éforser,	n.	eſ for c er.

éfroi

Nouvelle		Vieille
éfroi,	non	ef froy.
éfronté,	n.	ef fronté,
éfueiller,	n.	ef fueiller.
éfuzion,	n.	ef fu fion.
éjipte,	n.	eg ipte.
éjip tien,	n.	eg i ptien.
églize,	n.	efgli fe.
ég ilh'e,	n.	efgu ille,
ég ilh'on,	n.	efguil lon.
ég ilh'ette,	n.	efguil lette.
chansé,	n.	ef hanc e.
élanser,	n.	ef lanc er,
élarjifement,	n.	ef larg if femet.
élafion,	n.	ef la tion.
éleu,	n.	ef leu,
élexion.	n.	ef lec tion.
éléganse,	n.	ef leganc e.
éléfant,	n.	ef le p hant,
élevé,	n.	ef le u'é,
élusider,	n.	ef luc ider.
éloqense,	n.	ef loqu enc e.
émansipaffion,	n.	emanc i pa tion.
embarqer,	n.	embarqu er.
embafadeur,	n.	embaf fadeur.
embatonner,	n.	embaf tonner.
embamer,	n.	embaf mer.
embélifement,	n.	embelif fement.
embonpoint,	n.	embonpo inc t.
embouser,	n.	embouc her.
embourser,	n.	embourc er,
embraser,	n.	embraf fer.
embrazer,	n.	embra fer.

E

Nouvelle ortografe,		Vieille ortografe.
embuges,	non	embuc hes.
emmégrir,	n.	emmai grir.
emmanger,	n.	emmanc her.
emmanteler,	n.	emmantel ler.
emmener,	n.	emmeiner.
emmi,	n.	emmy.
emmieler,	n.	emmiel ler.
emmitrer,	n.	emmi ftrer.
emmonseler,	n.	emmonc eller.
emmuzeler,	n.	emmu feler,
émologer,	n.	emologu er.
empreint,	n.	empra inct.
empaqeter,	n.	empaqu etter.
empæger,	n.	empefc her.
empiriqe,	n.	empiriqu e.
emplatre,	n.	empla ftre.
emploier,	n.	emplo y er.
empoizonner,	n.	empoi fonner.
empoizer,	n.	empoi fer.
émulaffion,	n.	emula tion.
enazer,	n.	ena fer.
encaver,	n.	enca u er.
ensens,	n.	enc ens,
engeiner,	n.	enc hainer.
enganter,	n.	enc hanter,
engapeler,	n.	enc hap peller,
engarjer,	n.	enc harg er,
engerifeur,	n.	enc heril feur.
engeu,	n.	enc heu,
engevætrer,	n.	enc he ue ftrer.
ensirer,	n.	enc irer,
ensizer,	n.	enc i fer.

encaver,	non	encla u er.
enclofure,	n.	enclo fture,
encoser,	n.	encoser,
encommenser,	n.	encommenc er.
encourajer,	n.	encourag er.
encuzer,	n.	encu fer.
endenter,	n.	endent ter.
endommajer,	n.	endommag er.
enerver,	n.	ener u er.
eunuqe,	n.	eunuqu e.
enfanse,	n.	enfanc e.
enfonser,	n.	enfonc er.
enfreint,	n.	enfra inc t.
engajer,	n.	engag er.
enjendrer,	n.	eng endrer,
enjauler,	n.	eng eauleur.
enjense,	n.	eng enc e.
enjin,	n.	eng in.
englaser,	n.	englac er.
engorjer,	n.	engorg er.
engoufrer,	n.	engouf frer.
engraver,	n.	engra u er.
engrejer,	n.	engreg er.
enhaïr,	n.	enhayr,
enharnajer,	n.	enharnac her.
en erbe,	n.	en herbe,
en eriter,	n.	en heriter.
enjonser,	n.	en i onc er,
enlaser,	n.	enlac er.
enledir,	n.	enla idir,
enlever,	n.	enle u er.
enlignajer,	n.	enlignag er.

E ij

Nouvelle ortografe		Vieille ortografe
envieus,	non	en u i eux.
enorg eillir,	n.	enorgu eillir.
enqérir,	n.	enqu erir.
enqæter,	n.	enqu eſ ter,
enqæteur,	n.	enqu eſ teur.
enrasiner,	n.	enrac iner.
enrajer,	n.	enrag er.
enrejîtrer,	n.	enreg iſtrer.
enreümier,	n.	enreuſ mer.
enriçir,	n.	enric hir,
enſeziner,	n.	en ſai ſiner,
enſemenſer,	n.	enſemanc er.
enſevelir,	n.	enſe u elir.
enſorſeler,	n.	enſorc eler.
enſuivant,	n.	enſlui u ant.
entaçer,	n.	entac her,
entens,	n.	entends,
entravers,	n.	entra u ers.
entréter,	n.	entra ic ter.
entoizer,	n.	entoi ſer.
entortilh er,	n.	entortil ler.
entrarraçer,	n.	entrarrac her,
entratendre,	n.	entrattendre.
entrebézer,	n.	entreba i ſer.
entrebatre.	n.	entreba ſtre,
entrebléſer,	n.	entreblec er.
entrebruler,	n.	entrebruſ ler.
entreçerçer,	n.	entrec herc her.
entreçoqer,	n.	entrec hocqu er.
entreçoizir,	n.	entrec hoi ſir,
entreconnoître,	n.	entreconnoi ſtre.
entredevoir,	n.	entredebu oir.

Nouvelle ortografe		vieille ortographe
entredeus.	non	entrede ux.
entrejer,	n.	entreg et.
entrejouer,	n.	entre i ouer,
entrelaſſer,	n.	entrelac er,
entrelever,	n.	entrele u er.
entreluter,	n.	entreluc ter.
entremanjer,	n.	entremang er.
entremeller,	n.	entremeſ ler,
entrenavrer,	n.	entrena u rer.
entrouvert,	n.	entrou u ert.
entreprize,	n.	entrepri ſe,
entrevenir.	n.	entre u enir,
envahir,	n.	en u a hir,
enveloper,	n.	en u eloppea.
envenimer.	n.	en u enimer,
envie,	n.	en u i e,
envieillir,	n.	en u ieillir.
envers,	n.	en u ers.
environ,	n.	en u iron.
enivrer,	n.	en i u rer.
épeler,	n.	eſ peller.
éplanir,	n.	eſ planir,
épitre,	n.	eſ pitre,
épitafe,	n.	eſ pita p he,
éqalité,	n.	eſ qu alité.
ég'iere,	n.	eſ gu i aire.
éqinoxe,	n.	eſ qu inoxe,
éqiparer.	n.	eſ qu ipper,
éqipaje,	n.	eſ qu ipag e.
éqipolent,	n.	eſ qu ippolent.
éqitable,	n.	eſ qu itable,
éqivalense,	n.	eſ qu i u alenc.

E iij

| --- | --- | --- |
eſqiver,	non	eſqu i u er.
érijer,	n.	erig er.
éréxion	n.	érec tion.
ermitaje,	n.	ermitag e.
ébahir,	n.	eſ bahir,
ébat,	n.	eſ bat,
ébourjonner,	n.	eſ bourg conner
ébranjer,	n.	eſ branc her.
éburer	n.	eſ burer.
écarter,	n.	eſ carter.
écaſer,	n.	eſ cac her.
écailler,	n.	eſ cailler,
éʒalier,	n.	eſc haillier,
éʒalas,	n.	eſc hallas.
écarboucle,	n.	eſ carboucle.
écarmouʒer,	n.	eſ carmouc her
écatrer,	n.	eſ carrer.
éserner,	n.	eſc erner.
éʒafaut,	n.	eſc haffa ult.
éʒalote,	n.	eſc halotte.
éʒancrer,	n.	eſc hancrer,
éʒanjer,	n.	eſ chang er.
éʒanſon,	n.	eſc hanſon.
éʒantilh'on,	n.	eſc hantil lon.
éʒarper,	n.	eſc harper.
éʒars,	n.	eſc hars.
éʒaſes,	n.	eſc haſ ſes.
écarbouiller,	n.	eſ carbouiller.
éʒaudé,	n.	eſc haul dé,
éʒaufer,	n.	eſc hauffer.
éʒaugerte,	n.	eſo haugu erte.
éʒeler,	n.	eſc heller.

Nouvelle ortografe		vieille ortografe
éßemer,	non	eſ ſemer,
éßoir,	n.	eſc hoir,
éßæs,	n.	eſc hets.
éßiqier,	n.	eſc hiqu i er.
éßifon,	n.	eſc hi p hon.
éßevin,	n.	eſc he u in,
éßeu,	n.	eſc heu.
éßine,	n.	eſc hine.
éßient,	n.	eſc i ent,
écler.	n.	eſ cla ir.
éclenße.	n.	eſ clenc he.
éclat,	n.	eſ clat,
eſclave,	n.	eſ cla u e,
éclorre,	n.	eſ clorre,
éclipſer,	n.	eſ clipſer,
éclopet.	n.	eſ clop per.
éclos,	n.	eſ clos,
écolier,	n.	eſ colier.
écolaje,	n.	eſ colag e.
écondit,	n.	eſ condic t.
écorßer.	n.	eſ corè her.
écoſe,	n.	eſ col ſe.
écoſoize,	n.	eſ col ſoi ſe.
écot,	n.	eſ cot.
écouter,	n.	eſ coutter.
écouer,	n.	eſ couer.
écouſle.	n.	eſ couf fle,
écouler,	n.	eſ couller,
écourter,	n.	eſ courter,
écouſſe,	n.	eſ cou ſe,
écouvette,	n.	eſ cou u et te.
écouuilh on.	n.	eſ cou uil lon.

écramer,	non	eſ cramer.
écrevIse,	n.	eſ cre u ic e.
écrier,	n.	eſ crier,
écrire,	n.	eſ cripre.
écrivain,	n.	eſ cri pua in,
écritoire,	n.	eſ crip toire,
écrouelles,	n.	eſ crouelles.
écroué,	n.	eſ croué,
écu,	n.	eſ cu.
écuier,	n.	eſ cuier,
écuſon,	n.	eſ cuſ ſon.
écueil.	n.	eſ cueil,
écuelle,	n.	eſ cuelle,
éculer,	n.	eſ culler,
écumer,	n.	eſ cumer,
écurieu,	n.	eſ curieu.
écurie,	n.	eſ curie,
écurettes,	n.	eſ curettes.
égard,	n.	eſ gard,
égarer,	n.	eſ garer,
églanter,	n.	eſ glanter.
égorjer,	n.	eſ gorg er.
égouter,	n.	eſ gouter,
ég'euller,	n.	eſ gu euller.
éhonter,	n.	eſ honter,
éjouiſanse,	n.	eſ i ouiſ ſanc e.
éloⱥer,	n.	eſ loc ber.
éloigner,	n.	eſ loigner.
émailler.	n.	eſ mailler.
émeraude,	n.	eſ mera ulde.
émerilh'on,	n.	eſ meril lon,
émerveiller,	n.	eſ mer u eiller.

Nouvelle ortografe		uieille ortographe
émeut,	non	eſ meur.
émier,	n.	eſ mier,
émonder,	n.	eſ monder.
émoudre,	n.	eſ mouldre.
émouvoir,	n.	eſ mou u oir.
émoſion,	n.	eſ mo tion.
émoi,	n.	eſ moy.
eſpaſe,	n.	eſ pac e.
épaneer,	n.	eſ panc her.
épandu,	n.	eſ pandu,
épanir,	n.	eſ panir.
éparse,	n.	eſ parc e.
épargne,	n.	eſ pargne.
épargoute,	n.	eſ pargoute,
éparpilh'er	n.	eſ parpil ler.
éparveins,	n.	eſ par u a ins.
épaules,	n.	eſ paules.
eſpeses,	n.	eſ pec es.
épée,	n.	eſ pee,
éperon.	n.	eſ peron,
épec,	n.	eſ pec.
épieu,	n.	eſ pieu,
épi,	n.	eſ pic,
épie.	n.	eſ pie.
épise,	n.	eſ pic e.
épine,	n.	eſ pine.
épinette,	n.	eſ pinette,
épurer,	n.	eſ purer.
épurjer,	n.	eſ purg er,
éperdüment,	n.	eſ perduement.
eſpéranse,	n.	eſperanc e.
eſpaſe,	n.	eſpa c e.

Nouvelle ortografe		u ieille ortografe
épæs,	non	eſ paìs,
épinoʒe,	n.	eſ pinoc he.
épinars,	n.	eſ pinards,
éplinʒe,	n.	eſ plingu e.
épluʒer,	n.	eſ pluc her.
épointer,	n.	eſ poinc ter,
éponʒe,	n.	eſ pong e.
épouvente,	n.	eſ pou u ente.
épouiller,	n.	eſ pouiller,
épouzer,	n.	eſ pou ſer.
épouseter,	n.	eſ pou ſeter.
épreint,	n.	eſ pra inct.
éprevier,	n.	eſ par u ier,
épreuve,	n.	eſ preu u e.
épris,	n.	eſ pris,
éprize,	n.	eſ pri ſe,
éprouver,	n.	eſ prou u en,
épuizer,	n.	eſ pui ſer.
écarqilh'er,	n.	eſ carqu iller.
écarriſeure,	n.	eſ carriſ ſeure,
écarter,	n.	eſ carter.
éqierre,	n.	eſ qu i erre.
eſqilh'e,	n.	eſ qu il le,
éqinansée,	n.	eſ qu i nanc ee.
éqiper,	n.	eſ qu ip per.
éqipaʒe,	n.	eſ qu ip pag e.
éqiparer,	n.	eſ qu ip parer.
éſé,	n.	eſ ſay.
éſein,	n.	eſ ſain,
éſéier,	n.	eſ ſayer.
éſanʒer,	n.	eſ ſang er.
éſerter,	n.	eſ ſarter.

Nouvelle ortografe		vieille ortographe
élieu,	non	eſ lieu,
éſil,	n.	eſ ſil,
éſorilh'er,	n.	eſ ſoril ler.
éſuier,	n.	eſ ſuyer.
æt,	n.	eſ t.
ætre,	n.	eſ tre.
etat,	n.	eſ tat.
etable.	n.	eſ table,
etabliſement,	n.	eſ tabliſ ſement.
etajer,	n.	eſ tag er.
etaler.	n.	eſ taler.
etrein,	n.	eſ tra in.
etrénes,	n.	eſ tra ines,
etamine,	n.	eſ tamine.
etanger.	n.	eſ ranc her,
etandart.	n.	eſ tandart.
etanc,	n.	eſ tanc.
etauçon,	n.	eſ ranc hon.
eternuer,	n.	eſ ternuer.
etvit,	n.	eſ toit,
été,	n.	eſ té.
eteint,	n.	eſ ta inct.
etendre,	n.	eſ tendre.
etouble,	n.	eſ touble.
eteus,	n.	eſ teuſs,
eſtimaſſion,	n.	eſtima tion.
etinſelle,	n.	eſ tinc elle.
etofer,	n.	eſ toffer,
etoile,	n.	eſ toille,
etonner,	n.	eſ tonner.
etorce,	n.	eſ torc e.
etole,	n.	eſ tolle.

Nouvelle ortografe,		vieille ortografe.
étoufer,	non	eſ touffer.
étoupilh'on,	n.	eſ toup pil lon.
étroit,	n.	eſ troic t.
étourdir,	n.	eſ tourdir.
éturjon,	n.	eſ turg eon.
étourneau,	n.	eſ tourneau.
étranjer,	n.	eſ trang er.
étrangler,	n.	eſ trangler,
étrésir,	n.	eſ trec ir.
étreint,	n.	eſ tra inc t.
étrier	n.	eſ trieu,
étrilh'er,	n.	eſ tril ler.
étriver,	n.	eſ tri u er.
étrif,	n.	eſ trif,
étrivieres,	n.	eſ tri u ieres.
étudier,	n.	eſ tudier,
étuves,	n.	eſ tu u es.
étui,	n.	eſ tui,
évanouir,	n.	eſ u anouy.
éveiller,	n.	eſ u eiller.
éventer,	n.	eſ u anter,
étiqe,	n.	eſ ticqu e.
étiqette,	n.	eſ tiqu ette,
évacuaſſion,	n.	eſ u acua tion,
évader,	n.	eſ u ader.
évag'er.	n.	eſ u agu er.
évanjile,	n.	eſ u ang il le.
évenement,	n.	eſ u enement.
évertuer,	n.	eſ u ertuer.
évæqe,	n.	eſ u eſqu e.
évæqé,	n.	el u eſc hé.
évident.	n.	eſ u ident,

Nouvelle ortografe		u ieille ortogra phe
éviter,	non	ef u iter.
évocation.	n.	ef u oca tion.
éxaxion,	n.	exac tion.
éxajitaffion,	n.	exag ira tion.
éxauser,	n.	exauc er.
éxéder,	n.	exc edet.
éxésif,	n.	exc ef fif.
éxelense,	n.	exc ellenc e.
éxépter,	n.	exc epter.
éxéplion,	n.	exc ep tion.
éxiter,	n.	exc i ter,
excuze,	n.	excu fe.
éxécraffion,	n.	exc ecra tion.
éxemplére,	n.	exempla ire.
éxécuffion.	n.	exc ecu tion,
éxemplion,	n.	exem ption,
éxent,	n.	exem pt.
éxersise,	n.	exerc ic e.
éxaler,	n.	ex hal ler.
éxéréder,	n.	ex hereder.
éxibifion.	n.	ex hibi tion.
éxorter,	n.	ex horter,
éxijer.	n.	exig er,
expectaffion,	n.	expecta tion.
exqis,	n.	exqu is,
exqize,	n.	exqu i fe.
extaze.	n.	exta fe.
extatiqe,	n.	extatiqu e.
extenuaffion,	n.	extenua tion.
extrére,	n.	extra ire,
extraordinére,	n.	extraordina ire,
extræmité,	n.	extref mité.

Fé,

Fé, vaut la fi des Grez, & bien ne se peut prendre
Pour les p. h. ainſi comme font les Latins,
& des nôtres ſeus là qi deus ſe veulent rendre
Les vrez imitateurs ſe faizant mal aprins.

Si bien etoient ecris ainſi philozophie,
Phoſion, nimphe, phlegme, & phare, & phrijien,
Auſſi bien le ſeroient, phransois, philh'e, pholie,
Qe jamés on ne vit ecris par ſe moien.

Nouvelle ortografe,		Vieille ortogra p he.
Fabriqe,	non	fabriqu e
faſe,	n.	fac e,
faſéſieus,	n.	fac e rieux,
faſile.	n.	fac ille,
faxion,	n.	fac tion.
feint,	n.	fa inct,
fére,	n.	fa i re,
fet,	n.	fa ict.
fæs,	n.	fa is,
falaſieus,	n.	falac ieux,
fameus,	n.	fame ulx.
faut,	n.	fa ult.
fautier,	n.	fa ultier.
famile,	n.	famille.

Nouvelle ortografe		uieille ortographe
fanje,	non	fang e.
fantazie,	n.	fanta sie.
fantastiqe,	n.	fantastiqu e,
fantasqe,	n.	fantasqu e.
fantôme,	n.	fantaul me.
fan.	n.	fa on,
farse.	n.	farc e.
farouse,	n.	farouc he.
favorizer.	n.	fa u ori ser.
fausilh'e.	n.	fauc il le.
faudra,	n.	faul dra.
faus,	n.	faulx.
fausere,	n.	faulsa ire.
fausebreies,	n.	fauxlc ebra i es.
faubours,	n.	faulx bourgs,
faubons,	n.	faulx bonds.
fauve,	n.	faul u e.
foin,	n.	fo ing.
foizon,	n.	foi son.
fomentassion,	n.	fomenta tion.
fonsier,	n.	fonc ier.
forein,	n.	fora in.
forse,	n.	forc e,
foræt,	n.	forest r.
forfet,	n.	forfa ict
forje,	n.	forg e.
forjurer,	n.	for i urer.
formaje,	n.	formag e,
formulere,	n.	formula ire.
fournæze,	n.	fourna i se,
fornicassion,	n.	fornica tion.
forterese,	n.	forteres se,

Nouvelle ortografe,		icelle ortografe pphe
foſſeier,	non	foſſoyer.
foudre,	n.	fouldre.
fourbiſeur,	n.	fourbiſſeur.
fourçe,	n.	fourche.
fourraje,	n.	fourrage.
forvoier,	n.	fourvoier.
fouteau,	n.	fou-ſteau.
fouier,	n.	fouyer.
foi,	n.	foy.
fraxion,	n.	fraction.
frajile,	n.	fragile.
frein,	n.	frain.
fréze,	n.	fraiſe.
fræne,	n.	freſne,
fræle,	n.	freſle.
franse,	n.	france.
fransois,	n.	francois,
fransoize,	n.	françoiſe,
françize,	n.	franchiſe,
franjer,	n.	franger.
fraper,	n.	frapper.
fraudeux.	n.	frauldeux,
fræs,	n.	frais.
frenézie,	n.	freneſie,
frénétiqe,	n.	frenetique.
freqentaſſion.	n.	frequentation.
freſeie,	n.	frelaye,
fretilh'er.	n.	fretiller,
fripier,	n.	frippier.
friqe,	n.	frilque.
friize,	n.	friſe.
frivolle,	n.	friuolle,

froier

froier,	non	froyer,
fruit,	n.	fruict.
fruixion,	n.	fruiction.
fucilles,	n.	feuilles,
fuiars,	n.	fuiards,
fameus,	n.	fumeux,
furieus,	n.	furieux,
furtiue,	n.	furtiue.
fuzée,	n.	fusée,
fuzeau,	n.	fuseau,
fuzil,	n.	fusil.
futaille,	n.	fustaille.
futeine,	n.	fustaine,
flus,	n.	flux,
fluxion,	n.	fluction,

jé,

jé nouvelle autre lettre, æt par moi inventée
Ainsi que nesesere a ecrire meins mos,
Auqez æt la lettre i.par abus apliqée,
Comme a l.an:& le g.comme a gile & gigos.
jécri juter ainsi, qe le lizeur ne lize,
Ivrer,& saje ainsi,qe sag'e ne soit leu,
& ainsi jorje,jan,goulu,gautier,jit,jize,
Autrement on liroit gorie,I an,git joulu.

Nouvelle ortografe,   *vieille ortografe*
jalous, non i aloux.

F

jambaje,	non	i ambag e.
jantes,	n.	i antes.
janvier,	n.	i an u ier.
japer,	n.	i ap per,
javars,	n.	i a u ars.
javelot,	n.	i a u elot,
jaunise,	n.	i aul nic e.
jacter,	n.	i acter,
jamés,	n.	i ama is.
jé,	n.	i ay, ni i aura y.
jéant,	n.	g eant,
jetons,	n.	g ectons,
jæne,	n.	gel ne.
jeler,	n.	geler.
jeline,	n.	geline.
jémeau,	n.	gemeau,
jemisement,	n.	gemis sement.
jéminé,	n.	gemine.
jemme,	n.	gemme,
jensive.	n.	gensi u e,
jendre,	n.	gendre.
jénéalojie.	n.	genealog ie.
jeneral,	n.	general,
jenerassion,	n.	genera tion,
jenæye,	n.	genes u e.
jenise,	n.	genic e,
jenouil,	n.	genouil,
jenouillée,	n.	genouillee,
jens,	n.	gens
jendarmerie.	n.	gendarmerie,
jentilh omme.	n.	genal l'homme.
jentizommes,	n.	gentils hom mes

Nouvelle ortografe		vieille ortografe
jôlier,	non.	ge olier.
jerbe,	n.	ger be.
jerfau,	n.	ger faut,
jermein.	n.	ger ma in,
jeimandrée,	n.	ger mandree.
jerme,	n.	ger me,
jéron.	n.	ge ron.
jezir,	n.	ge sir.
jeste,	n.	ger te,
jeter,	n.	i ec ter.
jeu,	n.	i eu.
jouez,	n.	i ouez.
jeunése,	n.	i eunes se.
juner,	n.	i euner.
joindre,	n.	i oindre.
joint,	n.	i oinc r.
jolis,	n.	i olis.
jombarde.	n.	i ombarde.
jonc,	n.	i onc.
jonchée,	n.	i onc hee,
joutes,	n.	i ou stes.
joües,	n.	i oues.
jouisanse,	n.	i ouys sane e,
jourdui,	n.	i ourd huy.
jourdier,	n.	i ourd hier,
journelier,	a.	i ournal lier.
journée,	n.	i ournee.
jouvenseau,	n.	i ouenc eau.
joiaus.	n.	i ouy a ux.
joieus.	n.	i oyeux,
judisiere,	n.	i udic i a ire.
jubilé,	n.	i ubilé.

Nouvelle ortografe		vieille ortographe
jugoir,	non	i uc hoir.
juje,	n.	i ug e.
juif, juive,	n.	i u if.
juilet,	n.	i u illet.
jujubes,	n.	i u i ubes.
jujéoline,	n.	i u ieoline.
jupe,	n.	i up pe.
jurer.	n.	i urer.
juste,	n.	i uste.
justise,	n.	i ustic e.
juridiqe,	n.	i uridiqu e.
juridixion,	n.	i uridic tion.
juzier,	n.	i u fier.
juzer,	n.	i u fer.
justificassion,	n.	i ustif fica tion.
jusqes,	n.	i usqu es.
jusqiane,	n.	i usqu i ane.
jurisconsulte.	n.	i u risconsulte.

Gé,

Gé, qi revient asez à gamma gréqe lettre
& gimel des ebreus ainsi comme i n a son,
Avec vocale aucune on fer mal de la mettre
Pour ecrire ses mos, géant, gile, geton.

Sat pourqoi si devant je fet lettre nouvelle
Dite je, pour suplér a vn si grand defaut,
ecrivant juje, jan, jane, jaqes, par elle.
Non i ug'e, ni i an, i ane, i aqe, i erfaut.

Nouvelle ortografe		Vieille ortografe
Gâſe,	non	gaſc he.
gâgner,	n.	gai gner.
galeus,	n.	gal le ux.
galére,	n.	gal lere.
galerie,	n.	gal lerie.
galoſes,	n.	gal loc hes.
galonner,	n.	gal lonner.
garnizon,	n.	garni ſon.
gaſpilb'er,	n.	gaſ pil ler.
gâteau,	n.	gaſ teau.
gauſer,	n.	gauc her.
gaudiſeur,	n.	gaudiſ ſeur.
gaufrier,	n.	gauf frier.
gavion,	n.	ga u i on.
gé,	n.	gay.
glaſe,	n.	glac e.
glajeul,	n.	glag eul.
gléve,	n.	gla i u e.
glapiſement,	n.	glap piſ ſement.
gléteron,	n.	glec teron.
gliſer,	n.	glic er.
glorieus,	n.	glorie ux.
gorje,	n.	gorg e.
gozier,	n.	go ſier.
goufre,	n.	gouf fre.
goujat,	n.	goug eat.
goujon,	n.	goug eon.
gourmandize,	n.	gourmandi ſe.
goût,	n.	gou ſt.
gouverneur,	n.	gou u erneur.
grâse,	n.	grac e.
grammère.	n.	gramma i re.

granje,	non	grang e.
graper.	n.	grap per.
grave,	n.	gra u e.
graveur,	n.	gra u eur.
graveline,	n.	gra u eline.
grilh',	n.	gril.
gréfier,	n.	gref fier.
greller,	n.	gref ler.
gréve,	n.	gre fu e.
griez,	n.	gri efs.
grevé,	n.	gre fu é.
grifon,	n.	grif fon.
grimase,	n.	grimac e.
grinser,	n.	grinc er.
gringoter,	n.	gringot ter.
griper,	n.	grip per.
grizatre.	n.	gril af tre.
grive,	n.	gri u e.
garizon,	n.	gari fon.
genon,	n.	gu enon.
gerdon,	n.	gu erdon.
gerre,	n.	gu erre.
gére,	n.	gu ere.
gerpir.	n.	gu erpir.
gæde,	n.	gu efde.
gæpe,	n.	gu efpe.
gætres,	n.	gu ef tres.
get,	n.	gu et.
geulle,	n.	gu eulle.
geuze.	n.	gu eu fe.
gize,	n.	gu i fe.
gisset.	n.	gu ic her.

Neuvelle ortografe,		vieille ortogra p he.
gidon,	non	gu idon.
gilh'edin,	n.	gu il ledin.
gimauve,	n.	gu imaul u e.
ginfe,	n.	guim p he,
gignes,	n.	gu i gnes.
girlande,	n.	gu irlande.
ginder,	n.	gn iuder.
gizarme.	n.	gu i farme.

Hé,

Hé pour lettre æt isi non aſpiraſſion
& ou n'en æt bezoin jamés jé ne l'apliqe,
jécri 'ommaje, 'onneur, 'omme, en sete façon
Non hom me, non hon neur, comme on fet à
       l'antiqe.
    Apres l, je la més pour bien écrire filh'e,
Pilh'ard, & perilh'eus: qi n'auroient autrement,
Qe le propre ſon q'a, vile, indoſile, abile,
D'autant que la double ll. ni fet le beg'ement.

Neuvelle ortografe,		vieille ortogra p he.
Haçe,	non	hac he.
hantize,	n.	hanti ſe,
haper,	n.	hap per.
hapelourde,	n.	hap pelourde.
haqenee,	n.	haqu ence,
harenjére,	n.	harang ere.

Nouvelle ortografe,		u ieille ortograp he.
hardilh'on,	non	hardil lon.
hazard.	n.	ha ſard,
háir,	n.	ha yr.
hále,	n.	haſ le.
baſer.	n.	haſ ter.
hardi,	n.	hardy,
hávi,	n.	ha u y.
hautein.	n.	ha ult ain.
havre,	n.	hau re.
haîe,	n.	haye.
'ébéne.	n.	heſ bene,
'erbe,	n.	her be.
'erbier,	n.	her bier.
'erbajer.	n.	herbag er,
'éritier,	n.	he ritier.
'heritaje.	n.	he ritag e.
'érédical,	n.	her edital.
'érézie,	n.	here ſie.
'érétiqe,	n.	heretiç qu e.
'ermitaje,	n.	hermitag e.
'éroiqe,	n.	heroiqu e.
hæron,	n.	heſ ron.
heſoudeau.	n.	heſ roudeau.
hæſre,	n.	heſ tre.
'eure,	n.	heu re.
'eureus,	n.	heu re ux.
'eureuzement,	n.	heu reu ſement.
hurler,	n.	he ur ler,
hurter,	n.	he urter.
hideus,	n.	hi de ux.
'ipocras,	n.	hip pocras,
'ipotéqe,	n.	hip potecqu e.

Nouvelle ortografe		vieille ortographe
'irondelle,	non	hiſ rondelle.
'inel,	n.	hiſ nel.
'iſtoire,	n.	hiſ toire.
'omiside,	n.	homic ide.
'emologaſſion,	n.	homologa tion.
'onnæte,	n.	l'onneſ te.
'onneur,	n.	hon neur.
hoqet,	n.	hoqu et.
'orée,	n.	ho rée.
'orloje,	n.	horlog e.
'orrible,	n.	horrible,
'oſpital.	n.	hoſ pital.
'otel.	n.	hoſ tel.
hote,	n.	hot te.
houve,	n.	hou u e,
houpes,	n.	houp pes.
houſine,	n.	houſ ſine.
houzeaus,	n.	houſ ea ux.
hupe,	n.	hup pe.
hous.	n.	ho ux.
ü-iſſier,	n.	hu iſ ſier.
ü-iſſeries,	n.	hu iſ ſeries.
ü-itiéme.	n.	hu ic tieſ me.
ü-itres,	n.	hu iſ tres.
u-mein,	n.	hu ma in.
u-manité.	n.	hu manité.
u-mble,	n.	hum ble.
u-milité,	n.	hu milité,
u-meurs.	n.	hu meurs.
idropiqe,	n.	hidropiqu e.
ipocrizie,	n.	hipocri ſie.
izope,	n.	hi ſope.

I.

I, n'æt consonne isi més seulement voïelle,
& jamés en son lieu je n'i poze l'y grec,
D'un i avons asez sans étranjére telle,
Sans superfluité ne pourroit ætre avec.

Avec je, écri jeus, qe ne saurois écrire
Par set y, qe tresmal, ui par le notre aussi,
Ainsi jécri jacob, julien, jé, j'admire,
& ainsi Ive, Iver, Izac, Izope, Isi.

	Nouvelle ortografe,		*vieille ortographe.*
Isi,	non		ic i
iseus.	n.		ic eus.
iselui,	n.		ic elluy.
ignominieus	n.		ignominieux.
ignoranse,	n.		ignoranc e.
iliaqe,	n.		iliaqu e.
ilisite,	n.		illic i té.
ilejitime,	n.		illeg itime.
iluminer,	n.		il luminer.
iluzion,	n.		il lu sion.
ilustrassion,	n.		illu stra tion.
ilustrer,	n.		illu strer.
imaje,	n.		immag e.
imajiner,	n.		imag iner.
imajinassion,	n.		imag ina tion.
imbésile,	n.		imbec ile.

imperféxion,	non	imperfec tion,
impétrassion,	n.	impetta tion,
impétueus,	n.	impetueux,
impiéteus,	n.	impieteux.
implorassiou,	n.	implora tion.
importanse,	n.	importanc e.
impozer,	n.	impo ser.
impoôt,	n.	imp ost,
impourveu,	n.	impour u eu.
imprudense,	n.	imprudenc e.
impudiqe,	n.	impudicqu e.
inaxésible,	n.	inacc es sible.
inavertense,	n.	inad u errenc e.
insidenr,	n.	inc ident,
inconstanse.	n.	inconstanc e.
insertein,	n.	inc erta in.
insésamment,	n.	inc essamment.
insizion,	n.	inc i sion.
insizer,	n.	inc i ser.
insiter,	n.	inc iter.
insivilité,	n.	inc iu ilité,
inconvenient.	n.	incon u enient.
incoupable.	n.	incoup pable.
indésent,	n.	indec ent.
indisible.	n.	indic ible.
indiférent,	n.	indif ferent.
indijense.	n.	indig enc e.
indignassiou,	n.	indigna tion.
indisoluble,	n.	indis soluble,
indivis,	n.	indi u is.
indosile.	n.	indoc ille.
indomtable,	n.	indom ptable.

Nouvelle ortografe,		vieille ortografe.
induxion,	noh	induc tion.
induljense.	n.	indulg enc e.
industrieus,	n.	industri eux,
inexpuizable,	n.	inexpui sable.
inévitable,	n.	iné u irable.
inflammassion.	n.	inflamma tion.
informassion,	n.	informa tion.
infranjible.	n.	infrang ible,
infréqent,	n.	infrequ ent.
infructueus,	n.	infructueux,
infuzion,	n.	infu sion,
injenieus.	n.	ing enieux.
inferer,	n.	ing erer,
inabile.	n.	in habille,
inibision.	n.	inibi tion,
inumein.	n.	in huma in.
inéqitable,	n.	inequi table.
injure.	n.	in i ure.
injustise.	n.	in i ustio e.
innosense,	n.	innoc enc e.
inover,	n.	ino u er.
inqièter,	n.	inqu i erer,
inqizision.	n.	inqu i si tion.
inserviable.	n.	inser u iable,
insésamment.	n.	inc es samment
inscripsion,	n.	inscri ption,
ansctivant.	n.	inscri puant.
insidieus,	n.	insidieux,
insine,	n.	insig ne,
insolense,	n.	insolenc e,
inspirassion.	n.	inspira tion,
instinc.	n.	instinct.

inſtigaſſion.	non	inſtiga tion,
inſtruxion,	n.	inſtruc tion.
inſulére,	n.	inſula ire.
inſuportable,	n.	inſup portable,
intélijense,	n.	intelig enc e.
intempéranse,	n.	intemperanc e,
intenſion,	n.	inten tion,
interæt,	n.	inter eſt.
intéréſé.	n.	intereſ ſé,
intermiſion,	n.	intermi tion.
interpretaſſion,	n.	interpreta tion.
interrog'er.	n.	interrogu er.
interruption,	n.	iurerrup tion,
intervale,	n.	inter u alle,
invader.	n.	in u ader,
invalide,	n.	in u allide,
invétéré,	n.	in u eteré,
inventére,	n.	in u enta ire,
inventer,	n.	in u enter.
invenſion,	n.	in u en tion.
inveſtir,	n.	in u eſ tir.
invinsible,	n.	in u inc ible.
inveincu,	n.	in u aincu.
inviolable,	n.	in u i olable.
inviter,	n.	in u iter.
invoqer,	n.	in u ocqu er.
invoqaſſion.	n.	in u occa tion.
invérirable,	n.	in u eritable.
inuziré,	n.	in u ſité,
inutile,	n.	inutil le,
ireus,	n.	ire ux,
irrézonnable,	n.	irrai ſonnable.

Nouvelle ortografe.		_Vieille ortografe._
irrémisible,	non	irrémissible,
irrévérense,	n.	ire u erence,
irrevocable,	n.	ire u occable,
irrizion,	n.	irrision,
ire,	n.	y re.
ile,	n.	isle.
ilemand,	n.	islemand.
inel.	n.	isnel.
ivoire.	n.	i u oire.
iver,	n.	i u er.
ivrozon,	n.	i u reson,

Ka, Qé, ou Cu.

Ke æt reprézenté desous triple figure
Q'on prenoit si devant pour trois lettres formal,
Car elles n'ont q'un son, q'un ton, q'une mézure
Leur pourtrét seulement se rencontre in-égal.

Més pour ofenser moins la vieille uzaje mæme
& ne poin egater les lizeurs mal instruis.
Par sete ke, jeci keur, kalendrier, karæme,
Ainsi contre, couleur: ainsi qiqonqe, & qis.

Nouvelle ortografe,		_Vieille ortografe._
karæme,	non	caresme.
kadram,	n.	caddram.
kalendrier.	n.	callendrier.
karie,	n.	car ye.
keur.	n.	co eur.

krit,	non	christ.
kritien,	n.	christien,
calibre,	n.	cal libre.
camomille,	n.	camomille.
camuze,	n.	camu se.
canseler,	n.	canc eller.
canivet,	n.	cani u er.
canonizer,	n.	canoni ser.
canceilh es,	n.	canctil les.
capasité,	n.	capac ité,
capusin,	n.	capuc in.
capiteine.	n.	capita ine.
cape,	n.	cap pe.
capresse,	n.	cap preso
captivité,	n.	capti u ité,
captiver,	n.	capti u er.
capuçon,	n.	capuc hon.
caqefange,	n.	caqu e fangu e.
caqet,	n.	caqu et.
carraqe,	n.	carraqu e.
carélet,	n.	carrel ser.
carnaje,	n.	carnag e.
carqois,	n.	carqu ois.
caroler,	n.	carrol ler.
carrillh ons,	n.	carril lon.
cazuel,	n.	ca suel.
catareus,	n.	cat harreux.
cave,	n.	ca u e.
cauze,	n.	cau se.
cauteleur,	n.	cautel leur.
cauterizer,	n.	cauteri ser.
caußion.	n.	caup tion.

Nouvelle ortografe.		Vieille ortograph he.
cler,	non	cla ir.
claqet,	n.	claqu er.
clauze,	n.	clau se,
clavier,	n.	cla u ier,
claîe,	n.	claye.
cloẽe,	n.	cloc he,
cloître,	n.	cloiſ tre.
cloture,	n.	cloſ ture.
coẽe,	n.	coc he,
coæne,	n.	coeſ ne,
connoître,	n.	congnoi ſtre.
coin,	n.	coing.
coliqe,	n.	colliqu e.
colaſſion,	n.	colla tion.
cole,	n.	col le.
coléxion,	n.	collec tion.
coléje,	n.	colleg e.
coloqet,	n.	colloqu er.
coluder,	n.	col luder,
coluzion,	n.	collu ſion.
coloqinte.	n.	colloqu inte.
coleuvrine,	n.	coulleu u rine,
commenser,	n.	commenc er.
commiſére,	n.	commiſ ſa ire.
comparézon,	n.	compara i ſon.
comparoître,	n.	comparoi ſtre.
compleint,	n.	compla inct,
complére,	n.	compla ire.
complises,	n.	complic es.
compozer,	n.	compo ſet.
conter,	n.	com pter.
conséder,	n.	conc eder.
		consevoir.

Nouvelle ortografe		vieille ortographe
consevoir.	non	conc e u on.
consession.	n.	conc e ption.
consierje,	n.	conc i erg e.
consister,	n.	conc ister,
conclave,	n.	concla u e.
concluzion,	n.	conclu sion,
concupisense,	n.	concupisc enc e.
concurrense,	n.	concurrenc e.
concusionnère,	n.	concusionna ire.
condamnassion.	n.	condamna tion.
condésendre,	n.	condesc endre.
conduit,	n.	condu ict,
connetable,	n.	conne stable.
conféxion,	n.	confec tion.
constanse,	n.	constanc e.
confirmassion,	n.	confirma tion.
confisqer.	n.	confisqu er.
conflit,	n.	conflict.
confrérie,	n.	confra irie.
confuzion,	n.	confu sion.
conjé,	n.	cong é.
conjéler,	n.	cong eller.
conjécturer,	n.	cong ecturer.
congregassion,	n.	congrega tion.
conjoint.	n.	con i oinc t,
conversion,	n.	con u er tion.
convoitize,	n.	con u piti se.
convoqer,	n.	con u ocqu er.
convoîer,	n.	con u oyer.
cosin,	n.	co p hin.
coqelicoq.	n.	cocqu elicoc.
coqelourde,	n.	coqu emarc,

G

Nouvelle ortografe.		Vieille ortografe.
coqeluže,	non	coqu eluc he.
coqemar,	n.	coqu emarc.
coqet,	n.	coqu er.
coqilh'e,	n.	coqu il le.
coqerier,	n.	coqu etier.
coqin,	n.	coqu in.
cordonnier,	n.	cordoannier.
cornemuze,	n.	cornemu se.
corniže,	n.	cornic he.
corneilles,	n.	cornail les.
cors,	n.	cor ps.
correxion,	n.	correc tion.
corrig er,	n.	corrig er.
corrozi,	n.	corro si.
corvee,	n.	cor u ee.
cosmografie,	n.	cosmogra p' hic.
cotiere,	n.	cos tiere.
coteret,	n.	cos teret.
couardize,	n.	couardi se.
coužer,	n.	couc her.
couillaže,	n.	couillac e.
coudre,	n.	coul dre,
couzu,	n.	cou su,
couturier,	n.	cou sturier,
conjurassion,	n.	con i ura tion.
conqerer,	n.	conqu es ter.
consangin,	n.	consangu in.
consiensieus,	n.	cosc i enc i eux.
consultassion,	n.	consulta tion.
conseqensieus,	n.	cosequ enc ieux.
conservassion,	n.	conser u a tion.
considerassion.	n.	considera tion.

Nouvelle ortografe		Vieille ortographe
consolassion,	non	cosola tion.
constanse,	n.	constanc e.
contajion,	n.	courag i on.
contemplassion,	n.	contempla tion.
contenanse,	n.	contenanc e.
continense.	n.	continenc e.
continuassion,	n.	continua tion,
contraxion,	n.	contrac tion.
contreindre,	n.	contra indre,
contrére,	n.	contra ire.
contrekeur,	n.	contreco eur.
contredizant,	n.	contredi sant,
contrééanjer,	n.	contresc hang er
contrécrire,	n.	contref crip re.
contrefere.	n.	contrefa ire,
contrimiter,	n.	contrimmiter.
contreplejer,	n.	contrepleg er.
contrépoizon,	n.	contrepoi son.
controleur,	n.	contreroulleur.
contresiner.	n.	contresig ner.
contrevenir.	n.	contre u enir.
controverse,	n.	contro u erse.
controuver,	n.	controu u er.
contumaser,	n.	contumac er.
contuzion,	n.	contu sion,
conveincu,	n.	con u aincu.
convalésense,	n.	cõ u alesc enc e.
convenir,	n.	con u enir.
convent,	n.	con u ent,
couleuvre,	n.	couleu u re.
coupe,	n.	coup pe,
coupere,	n.	coup pere.

G ij

Nouvelle ortografe		uieille ortografe
coutre,	non	coul rre.
couperoze,	n.	couperou fe,
courajeus,	n.	courag eux.
courje,	n.	courg e,
couroîe,	n.	couroye,
courous,	n.	courroux.
corfére,	n.	corfa ire. (ine.
courfouvéreîne,	n.	court fou u era
courtizan,	n.	courti fan.
courtoizie,	n.	courtoi fie.
couzin,	n.	cou fin.
coutajeus,	n.	couf tag eux.
couteau.	n.	couf teau.
toutume,	n.	couf tume.
coêti,	n.	couef til.
couver,	n.	cou u er,
couvert,	n.	cou u err.
couvres, ef,	n.	cou u rec hef.
coëment.	n.	coucement.
craçat,	n.	crac hat.
creinte,	n.	cra incte.
cramoizi,	n.	cramoi fi,
crâne,	n.	craf ne.
crapaut,	n.	crapa ult,
craqer.	n.	craqu er,
craqelin,	n.	craqu elin.
craseus,	n.	crac eux.
creîon,	n.	crayon,
croîanse,	n.	croyanc e.
crefon,	n.	cref fon,
creaffion,	n.	crea tion.
creîee,	n.	creic he.

créneaus,	non	creneaux.
cræpe,	n.	cref pe.
cræter,	n.	cref ter.
crevase,	n.	cre u ac e.
creus,	n.	creux.
criqer,	n.	criqu er.
crose,	n.	croc e.
croger,	n.	croc her.
crois,	n.	cro ix.
croizilh'on,	n.	croi fil lon.
croître,	n.	croif tre.
croiſſanse,	n.	croiſſanc e.
crouler,	n.	crouf ler.
crotes,	n.	crot tes.
croutes,	n.	crouf tes.
cruge,	n.	cruc he.
cuirase,	n.	cuirac e.
cuiſon,	n.	cuif fon.
cuizine,	n.	cui fine.
culuver,	n.	culti u er.
curieus,	n.	curieux.
cuves,	n.	cu u es.
siprés,	n.	cipres,
siprine,	n.	ciprine.
si,	n.	ci,
q'adruple,	n.	qu adruple.
q'alité,	n.	qu alité,
q'antité,	n.	qu antité,
q'and,	n.	qu and,
q'aqer,	n.	qu aqu er.
q'arante,	n.	qu arante.
q'arqan,	n.	qu arqu am.

qarreaus,	non	qu arréaux.
qarreleure,	n.	qu arreleure.
qartier.	n.	qu artier.
qazi,	n.	qu a si.
qasser,	n.	qu asser.
qasseron,	n.	qu asseron.
qatorziéme,	n.	qu atorzies me.
qé,	n.	qu é.
qelqonqe,	n.	qu elconqu e.
qelqun,	n.	qu elqun.
qenouille,	n.	qu enouille.
qérelle,	n.	qu erelle.
qérir,	n.	qu erir,
qarqois,	n.	qu arqu ois.
qæster,	n.	qu es ter.
qestion,	n.	qu es tion.
qeue,	n.	qu eue,
qitanse,	n.	qu ic tanc e.
qighon,	n.	qu ignon,
qilh'e,	n.	qu il le.
qinaut,	n.	qu ina ult.
qine,	n.	qu ine.
qinqaille,	n.	qu inqu aille.
qinteine,	n.	qu inta ine,
qinze.	n.	qu inze.
qoter,	n.	qu otter.
qote,	n.	qu otte,
qoi,	n.	qu oy.

Lé ou el.

Lé ou el, je n'imés jamés superflúment
Come en ses mos suivans: sjeus, mieus, fouf mille,
  vile.
Poudre, outre, moudre, veut, peut, & pareillemét
Pélerier, apelaut, la double æt inutile.

Nouvelle ortografe.		*uieille ortografe.*
Laborieus,	non	labourie ux.
let,	n.	la ict.
lette,	n.	laic te.
leine,	n.	lai ne.
lezarde,	n.	le zarde,
lézer,	n.	le zer,
lambiqér,	n.	lambiqu ér.
lambriser.	n.	lambric ér.
lamentassion.	n.	lamenta tion.
lamproie.	n.	lamproye.
lanse,	n.	lanc e.
lang é,	n.	langu e.
langoureus,	n.	langoure ux.
lapidére,	n.	lapida ire.
lapet,	n.	la p per.
laqæs,	n.	laqu a is,
laqelle,	n.	laqu elle.
larjése,	n.	larg es se,
larmoier.	n.	larmoyer.
larsin,	n.	larc in.

G iij

Nouvelle ortografe		Vieille ortografphe
lâjeté,	non	lafé heté.
lâjer,	n.	lafé her.
laser,	n.	lac et,
lavoir,	n.	la u oir.
lé.	n.	lay,
lëens,	n.	layans.
léjer,	n.	lec her,
léson,	n.	lec on,
légatére.	n.	legata ire.
légassion,	n.	lega tion.
léjérement,	n.	leg erement.
lejion.	n.	leg ion.
léjislateur.	n.	leg islateur.
léjitime,	n.	leg itime.
légumajes,	n.	légumag es,
landajes,	n.	landag es.
lendemein,	n.	lendema in.
lentilh'es,	n.	lentil les.
lenvers.	n.	len n ers.
lepreus,	n.	lepreux,
lefqez,	n.	lefqu els,
lefqelles,	n.	lefqu elles,
lézemajésté,	n.	lezemag esté.
létarjiqe.	n.	létarg iqu e.
levein.	n.	le u ain.
lever,	n.	le u er.
lévraut,	n.	le u rault.
levrette.	n.	le u rette.
lévres,	n.	le u res.
lésive,	n.	lefc i u e.
hézon,	n.	lie fon.
liars.	n.	liards,

lier.	non	lyer.
lierre,	n.	liarre.
livrée,	n.	li u ree.
livre,	n.	lib u re.
livrer.	n.	lib u rer.
livrére,	n.	libra i re.
lise,	n.	lic e.
lisense,	n.	lic enc e.
lisiter.	n.	lic iter.
lit,	n.	lict.
lieje,	n.	lieg e.
lignajer.	n.	lignag-er.
lije,	n.	lig e.
lige,	n.	ligu e.
limase,	n.	limac e.
limitassion.	n.	limita tion.
limonneuze,	n.	limounen se.
linje.	n.	ling e.
linseul,	n.	linc eul.
liteau,	n.	lis teau,
lipu,	n.	lip pu.
liqeur,	n.	liqu eur.
liqidassion,	n.	liqu ida tion.
lizeur,	n.	li seur.
lizet,	n.	li set,
liziere,	n.	li siere.
litarjiqe,	n.	litarg iqu e,
litijieus,	n.	litig ieux.
loŝe,	n.	loc he.
locusion,	n.	locu tion.
lojis,	n.	log is.
lointein.	n.	loing ta in.

Nouvelle ortografe.		uieille ortografe.
loizir,	non	loi fir.
long eur,	n.	lougu eur.
lonjére,	n.	long ére.
loqe e,	n.	loqu éue e.
loqet,	n.	loqu et.
lozenje,	n.	lo fenge.
louɡe,	n.	louc he.
louɜje,	n.	lou ag e.
lou,	n.	lo up.
louve,	n.	lo upu e.
lourdaut,	n.	lourda ult.
loi,	n.	lo y.
loiauté,	n.	loy aul té.
luiteur,	n.	lu, ic teur.
luizant,	n.	lui fant.
lumiere,	n.	lumi á re.
lunatiqe,	n.	lunatiqu e.

Mé ou em.

Mé ou em, noûs trouvons ǽre mieus jéminée
En ses mos, Roɧme, fomɧe, 'omɧe, pomɧier,
   fommier,
Car le ptolaffion en ǽr mieus ordonnée,
Noûs écrivons a tard, ome, fome, pomier,

Nouvelle ortografe,		uieille ortografe,
Mâɠer,	non	mafc her.
mâɠoites,	n.	mafc hoires.

Nouvelle ortografe		Vieille ortografhe
maqerelle,	non	maqu erelle.
müze,	n.	mu ſe,
müziqe,	n.	mu ſiqu e.
majiſtrat,	n.	mag iſtrat,
magnifiqe,	n.	magnifiqu e.
majeſté,	n.	mag eſté.
mâjeur,	n.	mz i eur,
mégre,	n.	ma igre.
mein,	n.	ma in.
meintenant,	n.	ma intenant.
meintefois,	n.	ma intefois,
més,	n.	ma is.
mé, mois de l'an,	n.	ma y.
maizon,	n.	mai ſon,
mæïre,	n.	mai ſtre.
métreſſe,	n.	mai ſtreſſe.
malaventure,	n.	mal ad u enture
malavizé,	n.	mal ad u iſé.
malavenu,	n.	mal ad u enu.
malaizémenr,	n.	mal ai ſement.
malédixion,	n.	maledic tion.
malfaizant,	n.	mal fa iſant.
malgraſieus,	n.	malgrac ieux.
malfet,	n.	malfa ict.
maleureus,	n.	mal heureux.
malvoizie,	n.	mal u ai ſie,
malveillant,	n.	mal u eillant.
mange,	n.	manc he.
manjer,	n.	mang er,
manneqin,	n.	mannequ in.
manivelle,	n.	mani u elle.
maneuvre,	n.	manœu u re.

Nouvelle ortografe		u ieille ortographe
manseau.	non	manīc eau.
maqignon,	n.	maqu ignon.
marratre,	n.	marra ſtre.
maraut,	n.	mara ult.
marçandize,	n.	marc handi ſe,
marcasite,	n.	marcac ite.
marçé,	n.	marc hé.
marçeure,	n.	marc heure.
maræs,	n.	mara is, ni mareſt
marje,	n.	marg e.
marg'illier,	n.	margu illier.
mariaje,	n.	mariag e.
marjoleine,	n.	marg eolaine.
marmouzet,	n.	marmou ſet.
marqe,	n.	marqu e.
marqizat,	n.	marqu i ſat.
merrein,	n.	marra in,
marroqin,	n.	marroqu in
marçer,	n.	marc her,
mâle,	n.	maſ le.
maſqe,	n.	maſqu e.
maſacre,	n.	maſ ſacre.
mâſif,	n.	maſ ſif.
maſon.	n.	mac on.
mazures,	n.	maſ ſures.
matématiqe,	n.	mat hemat hique
matineus,	n.	matineux.
matrise,	n.	matric e.
maudit,	n.	maudict.
mauvés,	n.	maul u ais.
maupiteus,	n.	maul piteulx.
mauplézant.	n.	maul plai ſant.

Nouvellè ortografe		vieille ortografe
mauvætié,	non	maul u estié.
médale,	n.	medal le.
médesin,	n.	medec in.
méditassion,	n.	medita tion.
méfére,	n.	mé fai re.
mige,	n.	mic he.
mélencoliqe,	n.	mellancolliqu e.
melodieus,	n.	mellodieux.
ménase,	n.	menac e.
mendisité,	n.	mandic ité,
mænaje,	n.	mesnag e.
méprizer,	n.	mes pri ser,
méléanse,	n.	mesc canc e.
mezure,	n.	me sure.
metal,	n.	me stal.
métérie,	n.	meta irie.
metridat,	n.	mes tridat.
métodiqe,	n.	metodiqu e.
munier,	n.	mus nier.
mieus,	n.	mieu lx,
mignardize,	n.	mignardi se.
mignotize,	n.	mignoti se.
migreine.	n.	migra ine.
milet,	n.	mil let.
milepertuis,	n.	mil lepertuis.
minuit,	n.	misnu ict.
mize,	n.	mi se,
mizére,	n.	mi sere,
misive,	n.	mis si u e.
miteines,	n.	mita inee,
mitijer,	n.	mitig er,
moqeur,	n.	moqu eur.

Nouvelle ortografe,		vieille ortographe.
moizir,	non	moi sir.
moison,	n.	moiss son.
monarqe,	n.	monarqu e.
monseau,	n.	monc eau.
mondein,	n.	monda in.
monision,	n.	moni tion.
monnoie,	n.	monnoye,
montrer,	n.	mons trer,
montier,	n.	mon stier,
monstrueuze,	n.	mon strueu se.
monteigne,	n.	monta igne.
morseau,	n.	morc eau,
morjeline,	n.	morg eline,
mordebride,	n.	mors debride,
morg'e,	n.	morgu e,
morelqe,	n.	morelqu e.
morozif.	n.	moro sif,
mortuére,	n.	mortua ire.
morve,	n.	mor u e.
morue,	n.	morue,
mosion,	n.	mo tion.
mouąer,	n.	mouc her.
moulin,	n.	moul lin.
moudre.	n.	moul dre.
mouąes,	n.	mouc hes.
moustaąe,	n.	moustac he.
moutarde,	n.	mous tarde,
mout,	u.	mous t.
mouvoir,	n.	mou u oir.
moi,	n.	moy,
moien,	n.	moy en,
moieu,	n.	moy eu.

Nouvelle ortografe		vieille ortogra p he
murallion,	non	muta tion.
mugir,	n.	mug ir.
muguette,	n.	mu gu ette.
munision,	n.	muni tion.
muzard,	n.	mu lard.
muze,	n.	mu se.
mutassion,	n.	muta tion,
mui,	n.	muy.
mirabolant,	n.	myrabollant,
mitre,	n.	myrr he.

Né ou en.

Né ou en n'æt isi redoublée en ses mos,
Iniqe, iniqité, aviéne, miéne tiéne,
Més on peut toutefois, non trop mal à propos
L'i doubler imitant l'ortografe ansiéne.

Nouvelle ortografe,		vieille ortogra p he.
najer,	non	nag er.
nag'eres,	n.	nagu eres,
naivement,	n.	naifu ement.
nein,	n.	na in.
né,	n.	nay.
nativité,	n.	nati u ité,
nape,	n.	nap pe.
narsise,	n.	narc ic e,
narrassion,	n.	narra tion,
nez,	n.	na is.

Nouvelle ortografe,		uieille ortogra p lhæ
nassion,	non	na tion,
naveaus,	n.	na u eaux,
naufraje,	n.	naufrag e.
naviger,	n.	na u igu er.
navire,	n.	na u ire.
néaumoins,	n.	neaulmoins.
nébuleus,	n.	nébuleux.
nésésére,	n.	nec essa ire,
neflier,	n.	nef flier,
négassion,	n.	nega tion.
néglijensé,	n.	néglig enc e.
negosse,	n.	negoc e.
néje,	n.	neg e,
neveus,	n.	ne pueux,
neu,	n.	no eu.
néteté,	n.	nec teté,
niése,	n.	niepc e.
nise,	n.	nic e.
nieer,	n.	nic her.
négromanse.	n.	negromanc e.
niveau,	n.	ni u eau,
noblése,	n.	noblef se,
noiratre,	n.	noiraf tre,
noize,	n.	noi se.
nois,	n.	noix,
nonser,	n.	nonc er.
nôtre,	n.	no stre.
notére.	n.	nota ire,
novembre,	n.	no u embre.
nourrise.	n.	nourric e.
nourrison,	n.	nourric on.
nouuelles,	n.	nou u elles,
		noiaus.

Nouvelle ortografe,		uieille ortogra p he.	
noiaus,	non	noya ux.	
nuit,	n.	nu ict.	
nuizanse.	n.	nui sanc e.	
nulité.	n.	nul lité.	
nupsial,	n.	nup tial.	

O.

O tout seul nous sufit, de deux comme les Grez
N'avons aucun bezoin: més afin qe je montre
A la prononser long'e, é sus deus poins marqez
Ou sirconflexe axent q'au brief on ne rencontre.

Nouvelle ortografe,		uieille ortogra p he.
obeisanse.	non	obe yssanc e.
obédiense,	n.	obedienc e,
obélisqe,	n.	obelisqu e.
objet,	n.	obi et.
obligassion,	n.	obliga tion.
oblijer,	n.	oblig er,
oblivieus,	n.	obli u ieux.
obmision,	n.	obmi tion.
oscursir,	n.	obscurc ir.
observassion,	n.	obser u a tion.
obsecrassion,	n.	obsecra tion,
obtetrassion,	n.	obtetra tion.
oviant,	n.	ob u iant.
ocazion.	n.	occa sion.
oxizion,	n.	occ i sion.

H

Nouvelle ortografe,		vieille ortographe.
ocupassion,	non	occup pa tion.
ocurrense,	n.	occurrenc e.
octaves,	n.	octa u es.
oculére.	n.	occulla ire.
octroier,	n.	octroy er.
odieus,	n.	odieux.
'eil,	n.	o eil.
'eillet,	n.	o eillet.
'eillade,	n.	o eillade.
'eillietes,	n.	o eillietes.
'euf.	n.	o euf,
'eus,	n.	o eufs.
'euvre.	n.	o eu u re.
ouvraje,	n.	ou u rag e.
ofenser,	n.	of fenc er,
ofisier.	n.	of fic ier.
ofrir.	n.	of frir.
ofrende,	n.	of frande.
onxion,	n.	onc tion.
ong'ent,	n.	ongu ent.
oizeau,	n.	oi seau.
oizif,	n.	oi sif.
oizon.	n.	oi son.
olivier,	n.	oli u ier.
ombrajeus,	n.	ombrag eux.
onse,	n.	onc e.
onqes.	n.	onqu es,
ondoier,	n.	ondoy er,
onziéme,	n.	vnzief me.
opiniatre,	n.	opinial tre.
opiler,	n.	op piller.
oportun,	n.	op portun.

opozant,	non	op po sant.
opozision,	n.	op po si tion.
opozite,	n.	op po si te.
opression,	n.	op pression,
oprobre,	n.	op probre.
opugner,	n.	op pugner.
opulense,	n.	op pulenc e.
oraje,	n.	orag e,
orajeus,	n.	orag eux.
orezon,	n.	ora i son.
orenje,	n.	orang e.
ordinére,	n.	ordina ire.
ordonnanse,	n.	ordonnanc e.
orfævre,	n.	orfebu re.
orje,	n.	org e.
org es,	n.	orgu es.
orifise,	n.	orific e.
orijinal,	n.	orig inal.
orjies,	n.	org ies.
oreilles,	n.	aura illes.
arméres,	n.	armoires,
orties,	n.	ort hies,
orvale,	n.	or u alle.
ozier,	n.	o sier.
ot,	n.	os t.
otaje,	n.	ostag e.
ote,	n.	oste.
otelier,	n.	os tellier.
otesse,	n.	os tesse.
outraje,	n.	oultrag e.
outre,	n.	oul tre,
ourdiseur,	n.	ourdis seur.

H ij

Nouvelle ortografe,		uieille ortogra p he.
ouvrier,	non	ou u rier.
ouvert,	n.	ou u ert.
ouvroir,	n.	ou u roir.
ü-ıtres,	n.	ouıſ tres.
oximel,	n.	occ imel,
oîe,	n.	oy e.

Pé.

Pé ne faut redoubler pour écrire aparense,
Apointer, apelant, aparent, apétit,
Ni la mettre à Avril, el gâte la ſonanse,
Car apu-ril plûtôt par elle écrit ſe lit.

Nouvelle ortografe,		u ieille ortogra p he.
Pæs, & pés,	non	pa ix.
paxion,	n.	pac tion.
pasifiqe,	n.	pac ifie qu e.
paje,	n.	pag e.
paillase,	n.	paillac e.
paillardize,	n.	paillardi ſe.
pein,	n.	pa -in.
peine,	n.	pa ine.
peint,	n.	pa inct.
pale,	n.	paſ le,
panse,	n.	panc e.
panſu,	n.	panc hu.
pantére,	n.	pant haire.
peur.	n.	pa eur.

Nouvelle ortografe,		vieille ortographe.
pan,	non	pa on.
pape,	n.	pap pe.
papier,	n.	pap pier.
papegé,	n.	pap pega y.
papilhon.	n.	papil lon.
paqet,	n.	paqu et.
parachever,	n.	parac he n er.
paragrafes,	n.	paragra p hes,
paralétiqe,	n.	paraletiqu e.
parafraze,	n.	parafra se.
paratre,	n.	parra stre.
paravant,	n.	para u ant.
parselle,	n.	parc elle.
parçemin,	n.	parc hemin.
paréle,	n.	parrel se.
parentaje,	n.	patentag e.
parfére,	n.	parfa ire.
parféxion,	n.	parfec tion.
parforser,	n.	parforc er.
parjure,	n.	par i ure.
parmi,	n.	parm y.
paume,	n.	paul me.
pavois,	n.	pa u ois.
pavor,	n.	pa u ot,
païen,	n.	payen.
paier & pérer.	n.	payer ni poyer,
péaje,	n.	peag e.
péausier,	n.	peaulc ier.
peçeur,	n.	pesc heur.
pélerinaje,	n.	pellerinag e.
péletier.	n.	pelletier.
penser,	n.	penc er.

Nouvelle ortografe.		Vieille ortografe.
perse,	non	perce he.
persepierre,	n.	perc epierre.
péregrinassion,	n.	péregrina tion.
péremtoire,	n.	perem ptoire.
périlh',	n.	peril.
périlh'eus,	n.	peril leux.
perroqet,	n.	perroqu et,
perruqe,	n.	perruqu e.
per de Franse.	n.	pair de Franc e,
pætrir.	n.	pe ftrir.
persécusion,	n.	perfecu tion.
persévérer,	n.	perfe u erer,
personnaje.	n.	personnag e.
perspective,	n.	perspecti u e.
persuazion,	n.	perfua fion.
pervæse,	n.	per u efc he.
pervertisement,	n.	per u ertiffemét
pæseur,	n.	pefc heur.
petilh'er.	n.	petil ler,
pétision,	n.	peti tion,
pévoine,	n.	pé u oine.
fantazie,	n.	p hanta fie.
fantastiqe,	n.	p hanraftiqu e.
fasiole,	n.	p hac i olle.
filozofe,	n.	p hilo fo p he.
filozofie,	n.	p hilo fo p hie.
flébotomie,	n.	p hlebotomie.
fiole,	n.	p hiole.
fleg'matiqe,	n.	p hlematiqu e.
fiziqe,	n.	p hi fiqu e.
fizisien,	n.	p hi fi tien.
filtre,	n.	p hiltre.

Nouvelle ortografe	non	ueille ortografe
piese.	non	piec e.
pié,	n.	py é.
piafer,	n.	pia p her.
pijon,	n.	pig eon,
pilier,	n.	pillier.
pilh'er,	n.	pil ler.
pinseau,	n.	pinc eau.
piqes,	n.	piqu es,
pitanse,	n.	pitanc e.
pivert,	n.	pi u ert.
plase,	n.	plac e.
plézir,	n.	pla i sir.
plantein,	n.	planta in,
plaqe,	n.	plaqu e.
platre,	n.	pla stre.
plâie,	n.	play e.
pléje,	n.	pleg e.
pleurétiqe,	n.	pleureriqu e.
pleut,	n.	pleust.
pleuvoir,	n.	pleu u oir.
pleuvine,	n.	pleu u ine,
pliier,	n.	plic eir.
plein,	n.	pla in,
plonjer,	n.	plong er.
pleurer,	n.	pleurrer,
plumer,	n.	plummer.
pluzieurs,	n.	pluzieurs.
poëzie,	n.	poe sie,
poëtral,	n.	poec tral.
poëtrine,	n.	poec trine.
pos,e,	n.	poc he,
poin,	n.	point.

H iiij

Nouvelle ortografe		vieille ortographe
point,	non	poinct.
poirier,	n.	poyrier.
poézon,	n.	poi ſon.
pois.	n.	po ix,
pezer,	n.	poi ſer.
poliſeure,	n.	poliſ ſeure.
polu,	n.	pollu.
pouſer,	n.	pouc er.
pouſe,	n.	pouc e.
porqépi,	n.	porc eſpic.
porçaſté,	n.	porc haſ tré.
porçer,	n.	porc er.
porſeline,	n.	porc eline,
porçe,	n.	porc he.
porfire,	n.	por p hire.
portépée,	n.	porteſ pee.
porraje,	n.	portag e.
porſion,	n.	por tion.
poséder,	n.	poc eder,
poteau,	n.	po ſteau,
poſieus,	n.	poc ieux.
poſtulaſſion,	b.	poſtula tion.
potaje,	n.	potag e.
potenſe,	h.	potenc e.
poulein,	n.	poula in.
poule,	n.	poul le,
poulés,	n.	poullets.
poudre,	n.	poul dre.
poumon,	n.	poul mon.
pouilleus,	n.	pouille ux.
pupitre,	n.	poupil tre.
pouſer,	n.	poulc er.

Nouvelle ortografe		vieille ortografie
poulive,	non	poul fif u e.
poulins,	n.	poul fins,
poutre,	n.	poul tre.
pouvoir,	n.	pou u oir.
poupe,	n.	poup pe.
porseline,	n.	pourc eline.
pourgaſer,	n.	pourc hal ſer,
povre,	n.	pao u re.
pourqoi,	n.	pourqu oy,
pourſuivant,	n.	pourſui u ant.
pourtrer,	n.	pourtra ict.
provigner,	n.	pro u igner.
pourvoir,	n.	pour u oir.
porviſion,	n.	pro u iſion.
pouſiere,	n.	pouſ ſiere.
pouſif,	n.	pouſ ſif.
poëvre,	n.	poi u re.
pratiqe,	n.	pratiqu e,
préalégé,	n.	prealegu é.
préséder,	n.	prec eder.
préséſeur,	n.	prec eſ ſeur,
préſélent,	n.	prec ellent,
préſépſion,	n.	prec ep tion.
préſépteur,	n.	prec epteur.
préſépiraſſion,	n.	prec epita tion.
prédeſtinaſſion,	n.	predeſtina tion.
prédéſeſeur.	n.	predec eſſeur.
prédixion,	n.	predic tion.
prézaje.	n.	preſag e.
prédicaſſion,	n.	predica tion.
préfase,	n.	prefac e.
préfixion.	n.	prefic tion.

préjudise,	non	pre i udic e.
primérein,	n.	primera in.
prinze,	n.	prin se.
prinse,	n.	princ e.
prinsesse,	n.	princ esse.
prinsipal,	n.	princ ipal,
préparassion,	n.	preparara tion.
prépozision,	n.	prepo si tion.
prépuse,	n.	prepuc e.
prerogative,	n.	prerogati u e.
præser,	n.	presc her.
prescripsion,	n.	prescri ption.
prézentassion,	n.	pre senta tion.
prezenter,	n.	pre senter.
prévoir,	n.	pre u oir.
prézerver,	n.	pre ser u er.
presqe,	n.	presqu e.
præt,	n.	prest.
præter,	n.	pres ter.
prætre,	n.	pres tre.
prézumer,	n.	pre sumer.
présupozision,	n.	pre supposi tio.
présieus,	n.	prec i eux.
preud'ommie,	n.	preud hommie.
prévaricassion,	n.	pre u arica tio.
prévenir,	n.	pre u enir.
préveu,	n.	pre u eu.
prévoianse,	n.	pre u oianc e.
prévoŧ,	n.	pre u ost.
primojeniture,	n.	primog eniture.
printems,	n.	printem ps.
prizer,	n.	pri ser,

Nouvelle ortografe		vieille ortografe
prizon,	non	pri son,
privé,	n.	pri u é.
problæme,	n.	problef me.
proséder,	n.	proc eder,
prosés,	n.	proc és.
prosession.	n.	proc ession.
prodije,	n.	prodig e.
prodiger.	n.	prodigu er.
produxion.	n.	produc tion.
prolassion.	n.	prola tion.
pronosticassion.	n.	pronostica tion,
projet,	n.	pro i ect.
prologe,	n.	prologu e.
promouvoir,	n.	promou u oir.
prononsiassion,	n.	prononc ia tion.
profette,	n.	pro p hette.
propise,	n.	propic e.
proroger,	n.	prorogu er.
prérogative,	n.	prorogati u e.
proprietére.	n.	proprieta are.
proscrit,	n.	proscript,
protexion,	n.	protec tion.
protocole,	n.	protocol le.
proverbe,	n.	pro u erbe.
profit,	n.	prou fic t.
providense,	n.	prou u idenc e.
provigner,	n.	pro u igner.
provinse.	n.	pro u inc e,
provocassion,	n.	pro u oca tion.
prévoir,	n.	pre u oir.
provizion,	n.	pro u i ssion.
proie,	n.	proye.

Nouvelle ortografe,		*vieille ortograp he.*
publicaſſion.	non	publica tion.
publiqement,	n.	publicqu ement.
puſelle,	n.	puc elle.
puſelaje,	n.	puc ellag e.
puiné,	n.	puiſ nay.
puis,	n.	depuis ni dépuis
puizer,	n.	pui ſer.
puiſſanse,	n.	puiſſanc e.
pulverizer,	n.	pul u eri ſer.
punéze,	n.	punai ſe,
purjer,	n.	purg er.
purificaſſion,	n.	puriſſica tion,
puzilanime,	n.	pu ſi lanime.
putein,	n.	puta in.
putréfet.	n.	puctrefa ict.

Ré ou et.

Ré ou er, n'en forſit ſon ſon de hé ſuivie,
& pour ſe n'eſt bézoin la jouter, comme on fet,
A Rhomme, Rhétoriqe, on Rhaʒel: ſæt folie
De ſete er i plaſet qi ne rend nul efet.

Nouvelle ortografe.		*vieille ortogra p he.*
rabés,	non	raba is.
rabeſſer.	n.	raba iſ ſer.

Nouvelle ortografe		vieille ortographe
rabil'her,	non	rabil ler.
raboter,	n.	rabot ter,
racourſir,	n.	racourc ir,
rajeunir.	n.	ra i eunir.
réponse,	n.	reſ ponc e.
reinseaus,	n.	rainc eaux.
rére,	n.	ta ire,
razer,	n.	ra ſer.
rézin,	n.	ra iſin.
ræzon & rézon,	n.	rai ſon.
racouꝶrer,	n.	racou ſtrer,
ràſe,	n.	rac e.
raꞔaſer.	n.	rac haſſer,
rasine,	n.	rac ine,
radréſer.	n.	radreſ ſer,
ravizer.	n.	ra u i ſer,
rafréꞔir.	n.	rafraic hir,
ransir,	n.	ranc ir,
ranson,	n.	ranc on,
renjer,	n.	rang er,
raptaſer,	n.	raptaſ ſer,
raport,	n.	rap port.
raprendre,	n.	rap prendre,
reꞔarjer,	n.	rec harg er,
reꞔef,	n.	rec hef,
reꞔoir.	n.	rec hoir,
reꞔigner,	n.	rec higner,
réſiproqe.	n.	rec iproqu e,
réſizion,	n.	rec i ſion,
réſiter.	n.	rec iter,
reconnoître.	n.	reconnoi ſtre,
recommandaſſions,	n.	recómanda ńós,

Nouvelle ortografe		vieille ortografe
recommenser,	non	recommenc er
reconter,	n.	recom pter.
réconfiliaffion,	n.	reconc ilia tion.
recouvrer,	n.	recou u rer.
reconvoier,	n.	recon u oier.
recouger,	n.	recouc her.
recoutre,	n.	recou ftre.
récreaffion.	n.	recrea tion.
recroître,	n.	recroi ftre.
recroqilh'er,	n.	recroqu il ler.
recuit,	n.	recu ict.
récuzaffion,	n.	recu fa tions.
redevable,	n.	rede bu able.
rédijer.	n.	redig er.
redite,	n.	redic te.
rédreſer,	n.	redreſ ſer.
réfasonner,	n.	refac onner.
refére,	n.	reffa ire.
réféxionner.	n.	reffec tionner.
réfrijérer.	n.	reffrig erer.
refroidiſement,	n.	refroidiſ ſemét.
refuzer,	n.	reffu ſer.
réjent,	n.	reg ent.
rejermer,	n.	reg ermer.
rejimber,	n.	reg imber.
réjime,	n.	reg ime.
réjiment,	n.	reg iment.
réjion,	n.	reg ion.
réjiſeur.	n.	reg iſ ſeur.
regorjer,	n.	regorg er.
regrilh'er,	n.	regril ler,
regréter,	n.	regra icter.

Nouvelle ortografe		Vieille ortografe
roi,	non	roy,
roine,	n.	royne.
roial,	n.	royal,
rinser,	n.	rinc er.
relâcer,	n.	relasc he.
relassion,	n.	rela tion.
régler,	n.	reigler,
reléger,	n.	relegu er.
relever,	n.	rele u er.
rélijieus,	n.	relig ieux.
rélijieuze,	n.	relig ieu se.
reliqes,	n.	reliqu es.
reliqatére,	n.	reliqu ataire.
reluizant,	n.	relui sant.
remâcer,	n.	remasc her.
remboiter,	n.	rembois ter.
rembourser,	n.	rembourc er.
remersier,	n.	remerc ier.
remézurer.	n.	reme surer.
rémision,	n.	remis sion.
remontranse,	n.	remons tranc e.
remouvoir,	n.	remou u oir.
remplasement,	n.	remplac ement.
remüment,	n.	remue ment.
remunérassion,	n.	remunera tion.
tenætre,	n.	rena istre.
renaviger,	n.	rena u igu er.
renҫerir.	n.	renc herir.
renonser,	n.	renonc er.
rencuzer,	n.	rencu ser,
renfonser,	n.	renfonc er,
reniment.	n.	renie ment,

Nouvelle ortografe.		u ieille ortogra p he.
re nouveauté,	non	renou u eaulté.
reverser,	n.	re u erser.
renvoi,	n.	ren u oi.
répére,	n.	repa ire.
repætre,	n.	repai stre.
repentanse,	n.	repentanc e.
répétision,	n.	répeti tion.
répléxion,	n.	replec tion.
répliqer,	n.	repliqu er.
répondre,	n.	res pondre.
repozer,	n.	res po ser.
repouser,	n.	res pou ser.
reprinze, & repris.	n.	res prin se.
réprouver,	n.	res prou u er.
républiqe,	n.	res publiqu e.
répurassion,	n.	res puta tion.
réqis,	n.	requ is.
reqoi,	n.	requ oy.
résaper,	n.	resc haper.
résaut,	n.	resc hault.
résinder,	n.	resc inder.
récouse,	n.	res couse.
récreassion,	n.	recrea tion.
récrër,	n.	res creer.
récrire,	n.	res cri pre.
résemblanse,	n.	res semblanc e.
rézéqer,	n.	re sequ er.
rézetver,	n.	re ser u er.
rézidense,	n.	re sidenc e.
rézinassion.	n.	re signa tion.
rejouisanse,	n.	res i ouis sanc e.
rézistense,	n.	re si stenc e.
		rézolusion.

Nouvelle ortografe		Vieille ortografe
rézolusion,	non	re solu tion.
rézumer,	n.	re sumer,
rézonner,	n.	re sonner.
rézoudre,	n.	ré souldre.
répandre,	n.	res pandre,
répargner,	n.	res pargner.
respectivement,	n.	respecti u emét.
répit.	n.	res pit.
réplendisant,	n.	res plendis sant.
réponse,	n.	res ponc e.
rasazier,	n.	rasa sier.
restitusion,	n.	res titu tion.
rétreindre,	n.	res tra indre.
restrinxion,	n.	res trinc tion.
rêver,	n.	res u er.
résusiter,	n.	res susc iter.
rézurrexion,	n.	re surrec tion.
rétension,	n.	re ten tion.
rétentisement,	n.	re tentis semét.
rétiver,	n.	res ti u er.
retitre,	n.	res til tre.
retrerte,	n.	retra ic te.
retrére,	n.	retra ire.
rétrésir,	n.	retrec ir.
rétrenger,	n.	retrenc her.
ré,	n.	res,
rétif,	n.	res tif.
rétiver,	n.	retifu er,
revenge,	n.	re u enc he.
révélassion,	n.	re u ela tion.
revendre,	n.	re u endre.
revenir,	n.	re u enir.

I

Nouvelle ortografe,		Vieille ortografe.
revenu,	non	re u enu.
revoir,	n.	re u oir.
ré erberaſſion,	n.	re u erbera tiõ.
reverdir,	n.	re u erdir.
réverense,	n.	re u erenc e.
reverſer,	n.	re u erſer.
revätir,	n.	re u eſ tir.
revage,	n.	re u eſc he.
reviziter,	n.	re u i ſiter.
revivre,	n.	re u i u re.
réunir,	n.	reuſ nir.
revoler,	n.	re u oller.
révolu,	n.	re u ollu.
réviziter,	n.	re u i ſiter.
révolter,	n.	reſ u olter.
révoluſion,	n.	reſ u olu tion.
rétoriqe,	n.	ret horiqu e.
ribaud,	n.	riba ult.
riƈeƈe,	n.	ric heſ ſe.
rigoureus,	n.	rigoure ulx.
rioteus,	n.	riote ulx.
rizées,	n.	ri ſees.
rivieres,	n.	ri u ieres.
rivaje,	n.	ri u ag e.
robe,	n.	rob be.
robilh'e,	n.	robil le.
rogaſſions,	n.	roga tions.
rog'e,	n.	rogu e.
romme,	n.	rhome.
ronjer,	n.	rong er.
rongne,	n.	roigne.
roqer,	n.	roqu et.

Nouvelle ortografe		uieille ortografe
roze,	non	roſe.
romarin,	n.	roſ marin.
rosignol,	n.	roſ ſignol.
rotiſeur,	n.	roſ tiſ ſeur,
rouje,	n.	roug e.
roupieus,	n.	roupi eulx.
rouſette,	n.	rouſ ſette.
route,	n.	roul te.
routie,	n.	rouſ rie.
rubi,	n.	rub by.
ruge,	n.	ruc he.
rujir,	n.	rug ir.
ruiſeau,	n.	ruiſ ſeau.
rumatiqe,	n.	rumatiqu e.
ruze,	n.	ru ſe.
ruſtiqe,	n.	ruſtiqu e.

Sé ou eſ.

Sé ou eſ ne ſi mer jamés iſi pour zedde
Comme en ſes mos, dézert, dezir, maizon, raizon,
Tout de mæme la ké jamés ne lui fet edde
Comme en ſeus ſi Franſois, léſon, ranſon, faſon.
   Elle n'i æt non plus ou ne faut jéminée,
Jécri ſajeſe, & non ſag eſſe, improprement,
Comme auſſi jécri bien Meſſe, preſſe, preſſée
La doublant, qe tres mal jécrirois autrement.

Nouvelle ortografe,		vieille ortographe.
Sacrifise,	non	sacrifie e.
sacrileje,	n.	sacrileg e.
sajese,	n.	sag el se.
sajitere,	n.	sag ita ire,
sein,	n.	sa in.
seint,	n.	sa inct.
seins,	n.	sa incts.
sézir,	n.	sa i sir,
sézon,	n.	sa i son.
salére,	n.	sal la ire.
sang'inére,	n.	sangu ina ire.
sansue,	n.	sang sue,
safir,	n.	sa p hir.
sarséle,	n.	sarc elle.
serrer,	n.	sarrer.
satisére,	n.	satis fa ire,
savetier,	n.	sa u etier.
savant,	n.	sca u ant.
savinier,	n.	sa u inier.
sauje,	n.	saulg e.
saumon.	n.	saul mon,
saunier,	n.	saul nier.
saupiqer,	n.	saul pic qu er.
saupoudrer,	n.	saul poul drer.
sause,	n.	saulc e.
sausise,	n.	seulc ic e.
sausée.	n.	saulc ee,
saûter,	n.	saul ter,
saus,	n.	sa uts.
savon.	n.	sa u on,
sauvaje,	n.	sau u ag e.
saûveur,	n.	sau lu eur.

Nouvelle ortografe		vieille ortographe
Sauvegarde,	non	saul u egarde,
salutassion,	n.	saluta tion,
scabieuze,	n.	scabieu se.
sédule,	n.	scedul le.
séptre,	n.	sceptre,
siense,	n.	scienc e.
sismatiqe,	n.	sc imathiqu e.
sinterele,	n.	sc interelle.
siboule,	n.	sc iboulle.
scourjon,	n.	sc ourg eon.
scrupuleux,	n.	scruppulle ux.
sensive,	n.	sc enc i u e.
ségerése,	n.	sec heresse.
segond,	n.	se cond.
segrétére,	n.	se creta ire.
sédission,	n.	sedi tion.
semblanse,	n.	sem blanc e.
sesi,	n.	ce - ci.
sela,	n.	ce-la,
seler,	n.	celer,
séder,	n.	ceder,
sédre,	n.	cedre,
seinture,	n.	ceinture,
sentre,	n.	centre,
selier,	n.	celier,
séleste,	n.	celeste,
selui,	n.	celuy,
simeterre,	n.	cimeterre,
siment,	n.	ciment,
sendreuze,	n.	cendreu se.
sengler,	n.	cengler,
senglier,	n.	cenglier,

I iij

Senseur,	non	censeur.
sentiéme.	n.	centiesme.
sentaure,	n.	centaure.
sentinodie.	n.	centinodie.
sentre,	n.	centre,
sep,	n.	cep,
serpeau,	n.	cerpeau.
serser,	n.	cercher.
serserelle,	n.	cercerelle.
sercueil,	n.	cercueil,
servise,	n.	service.
serf.	n.	cerf,
serfueil,	n.	cerfueil,
serize,	n.	cerise.
serneau,	n.	cerneau,
serot,	n.	cerot.
sertein,	n.	certain.
sertificassion,	n.	certification.
servoize.	n.	cervoise.
séruze,	n.	ceruse,
ses,	n.	ces,
selle,	n.	celle,
sessionnére,	n.	cessionnaire.
sæt,	n.	cest.
sete,	n.	cette,
setui,	n.	cettuy,
séve,	n.	ceue.
sémense,	n.	semence.
sémézon,	n.	semaison.
semonse,	n.	semonce.
senégal,	n.	senechal.
sénévé,	n.	seneué ay.

sentense,	non	sentenc e.
savoir,	n.	savoir,
séparassion,	n.	separa tion.
séparément,	n.	separement,
sépulcre,	n.	sepulh cre.
séqestre,	n.	sequ es tre.
sérenson,	n.	seren con.
servitude,	n.	ser u itude.
serjent,	n.	serg eant.
sérein,	n.	sera in.
serpiliere,	n.	serpilliere,
sévére,	n.	se u ere.
seur,	n.	so eur.
susité,	n.	suse ité,
siege,	n.	sic he.
sieje,	n.	sieg e.
sifler,	n.	sif fler.
siner,	n.	sig ner.
sinificassion,	n.	sig nif fica tion.
silense,	n.	silenc e.
simulacre,	n.	simulac hre.
simulassion,	n.	simula tion.
sinsére,	n.	se inc ere.
seing,	n.	saing.
sinje,	n.	sing e.
sivette,	n.	si u ette.
siviere,	n.	se i u iere.
zizanie,	u.	si sanie,
situassion,	n.	situa tion.
siziéme,	n.	si xies me.
sobriqet,	n.	sobriqu et.
sorti,	n.	sor ty.

I iiij

Nouvelle ortografe,		vieille ortografe.
sousçantre,	non	soubsc hantre.
soudein,	n.	souda in.
soudépensier,	n.	soubsdespêc ier.
subhastassion,	n.	subhasta tion.
sujés,	n.	sub i ects.
soulever,	n.	soub le u er.
sumision,	n.	soub mis sion.
suspension,	n.	suspen tion.
suspec,	n.	suspect,
supozer,	n.	sup po ser.
soupezer,	n.	soupe ser.
sourrire,	n.	soub rire.
sous,	n.	soubs.
sout,	n.	soult,
soute,	n.	soul te.
suscrire,	n.	sous crip re.
soussiné,	n.	sous signé.
supson,	n.	soup con.
soutien,	n.	sous tien,
sustrére,	n.	sous tra ire.
sousçe,	n.	souc he.
sufizant,	n.	suffi sant.
soufle,	n.	souffle,
soufranse,	n.	souffranc e.
souhet,	n.	souha it.
soulajer	n.	soulag er.
sousi,	n.	soulc y.
sousieux,	n.	soulc i eux,
souder,	n.	soul der.
soudeîer,	n.	soul doyer,
soude,	n.	soul de.
soudart, & soldat,	n.	soul dart.

Nouvelle ortografe,		vieille ortografe.
soufre,	non	souffre,
sourse,	n.	fource.
surjon,	n.	furg eon.
sourisiere,	n.	fourric iere,
soupir,	n.	fouf pir,
soûtenir,	n.	fouf tenir.
souvent,	n.	fou u ent.
souvenanse,	n.	fou u enanc e.
souventefois,	n.	fou u entesfois.
sonverein,	n.	fou u era in.
soi,	n.	foy.
spame,	n.	fpaf me.
spasieus,	n.	fpac ieux,
spésial,	n.	fpec i al.
stratajæme,	n.	ftratag ef me.
studieus,	n.	ftudieux,
stiptiqe,	n.	ftiptiqu e.
suazion,	n.	fua fion,
suére,	n.	fu a ire,
suave,	n.	fua u e.
subhastassion.	n.	fubhafta tion.
subjasent.	n.	fub i ac ent,
subjoint,	n.	fub i oinct,
subjug'er,	n.	fub i ugu er.
surrogassion.	n.	fubroga tion.
subseqent.	n.	fubfequ ent.
substanse,	n.	fubftanc e.
subterfuje,	n.	fubterfug e.
suvenir,	n.	fub u enir.
suvertir,	n.	fub u ertir.
suser,	n.	fucc er,
suxéder,	n.	fucc eder.

Neuvelle ortografe.		vieille ortographe.
suxéſion.	non	ſucceſſion.
suxint,	n.	ſuccint.
sucomber.	n.	ſubcomber.
sucre,	n.	ſuccre.
sufizant,	n.	ſuffiſant.
sufraje,	n.	ſubſtage.
sujérer,	n.	ſubgérer.
suivre,	n.	ſuivre.
sulfureus,	n.	ſulfureulx.
sumerjer,	n.	ſubmerger.
superfisiel,	n.	ſuperficiel.
superintendense,	n.	ſuperintendence.
superlativement.	n.	ſuperlativemét.
supersüasion,	n.	ſuperſuaſion.
superscripsion.	n.	ſuperſcription.
superstision,	n.	ſuperſticion.
suplise,	n.	ſuplice.
suplër,	n.	ſuppleer.
suplicaſſion.	n.	ſupplicacion.
suport,	n.	ſupport.
supozision,	n.	ſuppoſicion.
suprésion,	n.	ſuppreſſion.
suputaſſion,	n.	ſupputacion.
surasëter,	n.	ſurachepter.
surserjer,	n.	ſurchargcer.
suracroitre,	n.	ſuraccroiſtre.
súrfére,	n.	ſurfaire.
surjir,	n.	ſurgir.
surmarcer,	n.	ſurmarchet.
surnætre,	n.	ſurnaiſtre.
suspendant,	n.	ſuſpenſdent.
surprize,	n.	ſurprinſe.

Nouvelle ortografe		vieille ortografe
surrog'er,	non	subrogu er.
surrogassion,	n.	subrogu a tion.
sursaut.	n.	sursa ult.
surseanse,	n.	sursc eanc e.
survendre,	n.	sur u endre.
survenir,	n.	sur u enir.
survestir,	n.	sur u estir.
survivanse,	n.	sur u i u anc e.
survider,	n.	sur u ider.
surdevant,	n.	surde u anr.
suséptible,	n.	sus eptible.
susiter,	n.	sus iter.
susqoi,	n.	susqu oy.
suie,	n.	suy e.
suivant.	n.	sui u ant.
silabe,	n.	silab be.
silojisme,	n.	silog is me.
simpatie,	n.	simpatye.
simfonie,	n.	sim p honie.
sintóme,	n.	sintol me.
sinagog'e,	n.	sinagogu e.
sinsere,	n.	sinc ere.
sincope,	n.	sincop pe.
sindéréze.	n.	sindere se.
sindic,	n.	sindict.
siring'er.	n.	siringu er.

Té,

Té ne ſi voit jamés pour le ſon de ſé fére,
Comme à devo-rieus, gra-rieus, o-rieus,
Pronon-tia-tion, péti-tion: me tére,
D'ortografe ſi fauſe, en ſe lieu je ne peus.

Nouvelle ortografe,		u iſille ortogra p he.
Tâge,	non	taſc he.
taſiturne,	n.	tac iturne,
taſitement,	n.	tac itement,
tafetas,	n.	taffetats.
tére,	n.	ta ire.
tæſ,	n.	teſ r.
tenge,	n.	tenc he,
tanézie,	n.	tane fie.
tenſer,	n.	tanc er.
tantoſ,	n.	tantoſt,
tapiſerie.	n.	tapiſc erie,
tatqin,	n.	tarqu in,
tardiveté,	n.	tardi u eté,
targ'e,	n.	targ e.
tager,	n.	taſc her.
tâter,	n.	taſ ter.
tavelé,	n.	ta u clé,
taverne,	n.	ta u erne.

Nouvelle ortografe		vieille ortogra p he
taîe,	non	tay e.
teint,	n.	ta inct.
témérére,	n.	temera ire.
tems,	n.	tem ps.
tempæte,	n.	tempeſ te.
ténébreus,	n.	tenebreux.
térébinte,	n.	terebint he.
terminaſſion,	n.	termina tion.
tæme,	n.	teſ me.
témoin.	n.	tel moing.
témoignaje,	n.	teſ moignag e.
tætu,	n.	teſ tu.
teſtificaſſion,	n.	teſtiffica tion.
talent,	n.	thalent.
téatre,	n.	theaſ tre.
téolojie,	n.	theolog ie.
téoriqe,	n.	theoriqu e.
trézorier,	n.	thre ſorier.
trône,	n.	throſ ne.
tan,	n.	th an.
tin,	n.	th in.
tirselet,	n.	tierc elet.
tije,	n.	tig e.
tizane,	n.	ti ſane.
tizon,	n.	ti ſon.
titre,	n.	til tre.
tiléran,	n.	til ſeran.
toqet,	n.	tocqu et.
toize,	n.	toi ſe.
toizon,	n.	toi ſon.
tonſure,	n.	tonſ ſure.
torqe,	n.	torc he.

Nouvelle ortografe.		u ieille ortografe.
tourmente,	non	toourmante.
trére,	n.	tra ire.
trette,	n.	tra itie,
tranqile,	n.	tranqu ile.
torpilh on,	n.	torpil lon,
torsionnéte,	n.	tor tionna ire.
tortuozité,	n.	tortuo sité.
toῖ,	n.	tost.
touge,	n.	touc he.
tournoi,	n.	tournoy.
touzer,	n.	tou ser.
toujours,	n.	toul i ours.
toutefois,	n.	toutes fois.
tracaser,	n.	tracas ser.
trase,	n.	trac e.
traduit,	n.	tradu ict.
trafiqer,	n.	trafiqu er.
trajiqe,	n.	trag iqu e.
traïzon,	n.	trahi son.
tráir,	n.	tra hir.
tret,	n.	tra ict.
tréter,	n.	traic ter.
transcrire,	n.	transcrip re.
transfigurassion,	n.	transfigura tion.
tranzijer,	n.	tran sig er.
translassion,	n.	transla tion.
transmutassion,	n.	transmuta tion.
transpozision,	n.	transpo si tion.
traqenard,	n.	traqu enard.
travail,	n.	trau ail.
traverser,	n.	tra u erser.
trébuser,	n.	tresbuc her.

Nouvelle ortografe,		vieille ortografe.
trenßeplume,	non	trenc heplume.
trenßes,	n.	trenc hees.
trentieme,	n.	trentief me.
trépié,	n.	tref pied.
trelßer,	n.	trefc her.
trefdous,	n.	trefdoulx.
treféxélent,	n.	trefexc ellent.
treshauvement.	n.	rreshati u émét.
trefméßant,	n.	trefmec hant.
trépaffer,	n.	tref paffer.
trefvolontiers,	n.	tref u olontiers.
trefutile,	n.	tref u tille.
tréves,	n.	tre fues.
tribulaffion,	n.	tribula tion.
tributére,	n.	tributa ire.
trißeries,	n.	tric heries.
triomfe.	n.	triom p he.
tripotaje,	n.	tripotag e.
triqehouze,	n.	tricqu ehou fe.
triqemadame,	n.	tricqu emadame.
triqetrac,	n.	triqu etrac.
trosiqes,	n.	troc iqu es.
troizieme,	n.	troif ielme.
tronßonner,	n.	tronc honner.
trofées,	n.	trop hees.
troqer,	n.	troqu er.
trotier,	n.	trot tier.
trouliere.	n.	trouf fiere.
troupeaus.	n.	troup pe aulx.
trouver,	n.	trou u er.
trußement,	n.	truc hement.
trufer,	p.	truffer,

Nouvelle ortografe.		vieille ortographe.
tubérozitez,	non	tubero fitez.
tumultueus,	n.	tumultu eux.
tuniqe,	n.	tuniqu e,
tuf,	n.	tuph,
turqize,	n.	turqu ife,
tuîaus,	n.	tuy aulx.

*****

Vé.

Vé qe jé mize isi d'invenſion nouvelle
I fet entierement ſon va, ve, vi, vo vu,
Qe ne fet u mal prins pour conſone, & voïelle
Qi doit tant ſeulement voïelle ætre reſeu.
Ses mos ſoïent pour éxemple, un utile uzufruit
uzajer, uzurier: leur ſon æt remarqable,
Comme de ſete vé par s̨ aqe mot qi ſuit,
Veu, vertu, volonté, vigoureus, variable.

Nouvelle ortografe,		vieille ortographe.
va,	non	u a.
vacaſſion.	n.	u aca tion.
vaqer,	n.	u aqu er,
vas̨e,	n.	u ac he.
vasilaſſion,	n.	u ac illa tion.
vag̨e,	n.	u agu e,
vag̨er.	n.	u agu er.
vagabond,	n.	u agabond.
vaillantize,	n.	u aillanti ſe.
vaille,	n.	u aille.

vain

Nouvelle ortografe		vieille ortographe
vain,	non	u ain.
veincre,	n.	u aincre.
veinkeur,	n.	u ainco eur.
val,	n.	u al.
valet,	n.	u allet,
valoir,	n.	u alloir.
vaut,	n.	u ault,
van,	n.	u an.
venjer,	n.	u ang er.
vanité,	n.	u anité,
vanteur,	n.	u anteur.
vapeur,	n.	u apeur.
verité,	n.	u erité,
verjer,	n.	u erg er.
vermeil,	n.	u ermeil.
vermilh'on,	n.	u ermil lon.
verveine,	n.	u er u aine.
vermine,	n.	u ermine.
vermoulu,	n.	u ermoulu,
vernis,	n.	u ernis.
vérole,	n.	u erolle.
veratre,	n.	u era stre.
verre,	n.	u erre.
vers,	n.	u ers.
verser,	n.	u erser.
vertueus,	n.	u ertueux.
vertuéuzement,	n.	u ertueu semẽt,
vertébre,	n.	u ertebre.
vertugadin,	n.	u ertugadin.
verve,	n.	u er u e.
vervelles,	n.	u er u elles.
vesie,	n.	u esie.

k

Nouvelle ortografe,		u ieille ortogra p he.
véſe,	non	u eſſe.
vætement,	n.	u eſ tement.
veu,	n.	u oeu.
veüe,	n.	u eue,
vexer,	n.	u exer.
vexaſſion,	n.	u exa tion.
voiajér,	n.	u oiag er.
viére,	n.	u iére.
viande,	n.	u iande,
viqéte,	n.	u iqu a ire.
vibreqin.	n.	n ibrequ in.
viſe,	n.	u ic e.
viſroi,	n.	u iſeroy
vibailli,	n.	u iſ baillif.
viconté,	n.	u icomté.
viſijérent,	n.	u ic ig erent.
viſinité,	n.	u ic inité.
victorieus,	n.	u ictorieux,
victuaille,	n.	u ictuaille,
viduité,	n.	u iduite.
vie,	n.	u ie,
vioiléſe,	n.	u ieilleſ ſe.
vierje,	n.	n ierg e.
vif,	n.	u if.
vivement,	n.	u iſu ement.
vijilanse,	n.	u ig illanc e.
vigne,	n.	u igne.
vigoureus.	n.	u igoureux.
vendre,	n.	u endre,
vente,	n.	u ente.
vilain,	n.	u illain.
vilaje.	n.	u illag e.

vilajoize,	non	u illag eoi se
vile,	n.	u ille.
vilipender,	n.	u illipender.
vin,	n.	u in.
vinotier.	n.	u inotier,
vinaigre,	n.	u inaigre,
vindicatif,	n.	u indicatif,
vinette,	n.	u inette.
vintieme,	n.	u ing tiesme.
violense,	n.	u iolenc e.
violes,	n.	u ioles,
violettes,	n.	u iolettes.
vipére,	n.	u ipére,
vire,	n.	u ire,
vivre,	n.	u i u re.
vivier,	n.	u i u ier.
viril,	n.	u i ril.
virole,	n.	u irolle.
vis,	n.	u is.
vizion,	n.	u i sion.
vizavis,	n.	u is a u is,
vizaje,	n.	u isag e.
vizée,	n.	u isee.
vizion.	n.	u i sion.
vitése,	n.	lu itef se.
vital,	n.	u ital.
vitre,	n.	u itre,
vitriol,	n.	u itriol.
vitupére,	n.	u itupere,
victime,	n.	u ictime.
vivandier,	n.	u i u andier.
vivant.	n.	u i u ant.

k ij

Nouvelle ortografe		vieille ortographe
vog'er,	non	u ogu'er.
voile,	n.	u oille.
voir,	n.	u oir.
voiries,	n.	u oiries.
voire,	n.	u oire.
voizin,	n.	u oi sin.
vois,	n.	u ois.
voler,	n.	u oller.
volaje,	n.	u ollag e.
volupté,	n.	u olupté.
vomisement,	n.	u omis sement.
voître,	n.	u os tre.
veu,	n.	u oeu.
vouloir.	n.	u oulloir.
voute.	n.	u joul re.
vous,	n.	u ous.
vré,	n.	u ray.
vueil,	n.	u eil,
vuider,	n.	u ider,
vulg'ere,	n.	u ulgu ere.

u.

u, mis avec voielle i æt souvent diftong'e,
Comme en ses mos autrui, lui, pui, ennui, & mui,
& là ou el nous set la prolassion long'e,
D'un axent sirconflexe elle rencontre apui. (tres
Reseut, creut, eut, peut, fut, seut, & mile tez au-
Verbes de l'optatif pour exemple t'en soient,
La se nous en otons qe, par abus les notres
Superflue, & sans son, si devant i mettroient.

alsere,	non	vlc ere.
un,	n.	vng,
uniment,	n.	vniement,
universel,	n.	vni u ersel.
utile,	n.	vtille.
ustensile,	n.	vstenc ille.
uzaje,	n.	v sag e.
uzufruit,	n.	v suffruic t.
nzure,	n.	v sure.
uzurpateur,	n.	v surpateur.
uzé,	n.	v sé.
urjent,	n.	vrg ent,
uzité,	n.	v sité.

Xé ou ix.

Ixne se pren pour s, sæt folie la mettre
Soit au commensement des mos, soit au milieu,
Isil'on ne l'a voit en se mot de pæs ætre
Mot divers de pais, de deus silabes veu,
    je m'estonne de seus qi les c. t, nous mettent
Au lieu de sete xé, comme en ses dixions,
Ac-tion, fac-tion, élec-tion, is pésent
Ou is écrivent mal afec-te, afec-tions.

Zedde.

Zedde à tout autre son qe la lettre s. où sé.
&bien ne se sauroient l'une pour l'autre écrire,
Comme le Latin fet à se fere forsé,
jécri cauze, non cau-se, dezire non de-sire,

Nouvelle ortografe,		vieille ortogra p he.
zasée,	non	zac hee,
zéfire	n.	ze p hire.
zodiaqe,	n.	zodiaqu e.
zoïles,	n.	zoïlles.
zéle,	n.	zelle,
zizanie.	n.	zizannie.

&.

& pour nouvelle lettre en set Alfabet vaut
&.au lieu du vieus et écrit par ses deus lettres,
D'autant q'on dit Roland & Roc, vont à l'asaut,
Non etvont; cóme ont fet, par abus nos ansestres,

Nouvelle ortografe,		vieille ortogra p he.
&,	non	et.

Extret du Priviléje du Roi.

PAr grase & Priviléje du Roi, & par ses lettres patentes donnees à Fonténebleau, le 13.iour de Iuin, l'an de grase 1609. Il æt permis à Robert Poiſſon équier ſieur d'Auvile, de Valonnes en Normandie:de fére imprimer un livre, par lui fet & compozé, leqel il a intitulé, *Alfabet nouveau de la vrée & pure ortografe Fransoize*, & *Modele ſus iselui, en forme de Dixionnere*, leqel a été raporté au Conſeil privé du Roi, & trouvé bien fet au parfet, de noître langaje Fransois. Aveqes défenses, expreſſes, à tous les aûtres Imprimeurs, & livréres, de qelqé état, ou qalité, qis puiſſent ætre, d'eus injerer, d'Imprimer ou fére Imprimer, vendre ni diſtribuer, ledit *Alfabet & Modéle*, dedans ni dehors se Roiaume, à peine de trois mil livres, d'amende & confiſcaſſion, des livres qi se trouveront, avoir été moins qe deünient, Imprimez par tez Imprimeurs, & livréres qe ses commis, ſézie & anotaſſion, deſdits livres avec dépens, & interæs deſus iseus: nonobſtant opozizions ou apellaſſions qelqonqes, & sependant le tems & terme, de ſis ans entiers, à conter du iour & datre qe se livre, agevé sera d'imprimer, de la premiere impréſion, ainſi q'il æt plus amplement, contenu par leſdites

lettres, car tel æt du Roi le plézir, Donné à Fonténebleau ledit jour & an desus dit.

Par le Roi en son Conseil.
RÔLET.

Et félé du grand seau.

Ledit sieur poisson a permis, à Jérémie Périer,
& jaqes Planson, mars ans & livréres en sete vile
de Paris, de fére Imprimer se prezent, vertu de
sondit Privileje, suivans les acors fés entreus,

Asevé d'imprimer se jour 20. d'Auṫ 1609.

Prezenté au Roi par l'auteur, se 25.
Jour d'Auṫ l'an de grase 1609.

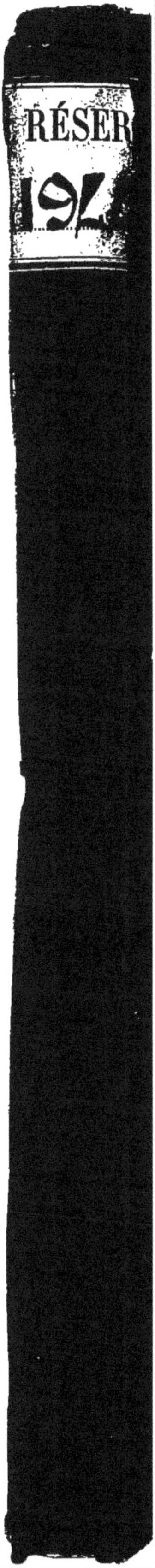
RÉSER
19